최종 합격을 위한

공무원 면접 가이드

시사정보연구원 편

(최종합격을 위한)공무원 면접 가이드 / 시사정보연구원
편. -- 개정판. -- 서울 : 산수야, 2005
206p. ; 18.8cm

ISBN   89-8097-099-4 10320 ₩ 6,000

350.4-KDC4
351.076-DDC21   CIP2005001126

최종 합격을 위한

공무원 면접 가이드

시사정보연구원 편

산수야

최종합격을 위한 공무원 면접 가이드

개정 초판 인쇄   2005년 7월 1일
개정 초판 발행   2005년 7월 5일

편   자   시사정보연구원
발 행 인   권윤삼
발 행 처   도서출판 산수야

등록번호   제1-1515호
주   소   서울시 마포구 망원동 472-19호
우편번호   121-826
전   화   02-332-9655
팩   스   02-335-0674

값 6,000원

ISBN   89-8097-099-4   10320

공무원 중앙인사위원회는 최근 면접인원을 최종합격자 대비 최대 130~150%까지 선발할 수 있도록 공무원시험임용령을 개정했다. 이에 따라 필기시험에 합격하고 면접시험에서 탈락하는 공무원 응시자가 많아졌다.

5~10분 내외에서 형식적으로 실시하던 개별면접도 행정ㆍ외무고시의 경우 40분간 실시하고 7급과 9급도 20분과 15분으로 늘렸다. 공무원 시험에서 면접이 대폭 강화되었다는 것은 이미 주지의 사실이다.

특히 서울시는 7ㆍ9급 채용 시 영어면접을 실시해 변별력을 높이겠다는 의지를 밝혔다. 이는 공무원 면접시험 평가의 다섯 가지 항목 중 '창의력과 의지력 및 기타 발전성' 항목에 점수를 반영해 영어면접도 시험 당락을 결정하는 주요 요인으로 자리했음을 대변한다.

공무원 면접시험은 공무원임용 및 시험시행규칙 제12조의 규정에 의해 직무수행에 필요한 능력 및 적격성을 검정하는 시험이다. 국가와 국민을 위해 봉사한다는 정신자세가 중시되는 만큼 사명감은 필수적이다. 면접평가에 있어서 일반 기업체와 다른 점은 국민의 공복인 만큼 공직자로서의 올바른 국가관이 성립되어 있는가를 체크하는 것이라 하겠다.

공무원 응시자는 이제 1차 합격만으로 기뻐하는 단계를 벗어나 2차 면접까지 철저한 준비로 확실한 합격을 쥐어야 할 것이다. 이에 본 연구원은 최근 공무원 면접 동향을 파악해 실질적인 도움을 주고자 신경향에 따른 [최종합격을 위한 공무원 면접 가이드]를 내놓게 되었다.

이 책이 공무원이 되려는 여러분들에게 환한 웃음을 최종적으로 선사하는 도구로 사용되었으면 하는 마음 간절하다.

차례

C·O·N·T·E·N·T·S

제1장 면접시험이란 무엇인가

공무원 면접의 최근 동향

여태까지의 공무원 면접은 형식에 그쳤다. 그러나 공무원 중앙인사위원회는 최근 면접인원을 최종합격자 대비 최대 130~150%까지 선발할 수 있도록 공무원시험임용령을 개정했다. 이에 따라 필기시험에 합격하고 면접시험에서 탈락하는 공무원 응시자가 많아졌다. 공무원 시험도 각 기업체 지망생들과 같이 면접이 대폭 강화되었음을 보여주는 예라 할 수 있다.

또한 5~10분이라는 시간 속에서 형식적으로 실시하던 개별면접도 행정·외무고시의 경우 40분간 실시하고, 7급과 9

급도 각각 20분과 15분으로 시간을 대폭 늘렸다. 특히 서울시는 7·9급 채용 시 영어면접을 실시해 변별력을 높이겠다는 의지를 밝혔다.

영어면접은 공무원 면접시험 평가의 다섯 가지 항목 중 '창의력과 의지력 및 기타 발전성' 항목에 점수를 반영하는 것으로 알려졌다. 이제 영어면접도 시험 당락을 결정하는 주요 요인으로 자리했음을 대변한다.

이제 공무원 응시자는 1차 합격만으로 기뻐하는 단계를 벗어나 2차 면접까지 철저한 준비로 확실한 합격을 거머쥐어야 할 것이다.

1. 면접시험이란

면접시험이란 필기시험이 끝난 후 최종적으로 응시자의 인품, 언행, 지식의 정도 등을 알아보는 구술시험 또는 인물시험이다. 보통 필기시험 또는 서류 전형으로 지원자의 기초 실력은 확인할 수 있으나, 그것만으로는 응시자의 됨됨이를 모두 알 수 없기 때문에 직접 대면을 통해 잠재적인 능력이나 창의력 또는 업무 추진력, 사고력 등을 알아내기 위한 시험이다. 특히 공무원의 경우 공직자로서의 올바른 국가관, 봉사정신과 친화력, 조직력과 업무수행 능력 등에 중점을 두고 실시하고 있다.

2. 면접시험의 역할과 출제 경향

(1) 종합적인 인성 평가

면접은 수험생과 면접위원의 직접 대면으로 이루어지는 시험이다. 필기시험의 보완수단으로 면접관은 수험생의 자세, 표정, 용모 등을 종합적으로 관찰하고 질문을 통해 수험생의 인생관과 인성 등을 파악할 수 있다.

면접을 통해 응시자의 섬세한 부분까지 관찰할 수 있으며, 성격이나 성품을 분석적으로 파악할 수 있다. 회사는 면접을 통해 최종적으로 필요한 인재, 일에 적합한 성품을 지닌 사람을 찾게 된다.

(2) 지원동기 및 공무원의 자세

면접은 수험생과 채용기관과의 양방향으로 이루어진다. 면접을 통해 공무원이 갖춰야 할 자세나 인재상, 직무내용 등을 설명해 줄 수 있으며, 수험자도 자신의 직무적합성을 적극적으로 알릴 수 있다.

응시동기나 의욕은 면접시험에서 대단히 중요하며, 반드시 파악되어야만 하는 부분이다. 물론 이것은 자기소개서 등을 통하여 판단할 수도 있지만, 면접에서는 수험생의 눈빛이나 몸짓 등에서 직접 느낄 수가 있다. 또한 공무원에게 바라는 기대치를 직접 설명해 줄 수가 있으며, 이에 대한 응시자의 반응을 관찰한다든지 또는 질의응답을 통하여 보다 명확하게 응시동기나 의욕을 확인하게 된다.

(3) 언어능력과 두뇌회전력 관찰

면접은 구두의 질의응답 방법에 의해 진행된다. 따라서 상대방 질문에 대한 빠르고 정확한 이해와 이에 따른 자신의 의사를 요령 있게 전달하는 능력파악과 함께 적절한 용어 구사 및 표현능력을 판단할 수 있다.

면접은 질문과 대답으로 진행되므로 이해력이 없으면 대화하기 어렵고, 이해가 되었다하더라도 의사전달 능력이 부족하면 의견을 정확하게 제시할 수가 없다. 면접시험은 언어의 표현능력을 평가함으로써 수험생의 이해력이나 의사전달 능력, 두뇌의 회전력 등을 판단하게 된다.

(4) 협조성과 리더십 관찰

협조성은 직장에 적응하는데 있어서 중요한 요소이며 리더십은 직무를 수행하는 데에 필요한 요소이다. 직무 수행상 중요한 요소인 지도력과 직장 적응의 중요 요소인 협조성 등을 질의 및 응답과정을 통해 파악한다.

협조성과 조직적응력은 실제 직무에 있어서 가장 중요한 내용이다. 조직화 되어있는 공무원 사회에 필요한 인재를 채용하기 위해서는 수험생의 이러한 자질을 알아내는 것이 면접시험의 중요한 목적이라 할 수 있다.

(5) 지식과 교양의 정도

지식이나 교양의 정도는 필기시험에서도 파악할 수가 있다. 그러나 필기시험에서는 일반적이고 기초적인 지식의 정도를 파악하게 되지만 면접에서는 실질적인 업무와 관련된 질문까지 심도 있게 할 수 있다. 또한 하나의 질문과 관련하여 부가적인 질문까지 잇달아 할 수도 있으며, 그 응답과정의 내용이나 태도 등에서 수험생의 지식, 교양과 이해의 정도를 보다 정확하게 판단하는 것이다.

(6) 출제경향

공무원 면접대비는 시대적 배경을 감안하여 요구되는 공무원상이 어떤 것인가에 초점을 맞추어야 한다. 하루가 다르게 변화하는 첨단과학의 발달로 일상생활에서부터 공공기관의 업무 수행까지의 변화에 발빠르게 대응하는 자세 또한 요구된다.

최근경향 파악에 잊어서는 안될 요소는 현정부가 이상으로 삼고있는 지표가 무엇을 강조하고 있는가 이다. 여기에 덧붙여 지방자치제의 실시에 따른 관심과 이해이다. 특히 자기 고장에 대한 관심과 사랑은 면접시험의 핵심요소로 떠오르고 있다.

3. 면접시험의 중요성

중앙인사위원회가 최근 개정한 공무원시험임용령에 의하면 최종합격자 대비 최대 130~150%까지 선발할 수 있도록 해 과거 공무원 시험과는 다른 양상을 보여주고 있다. 이에 따라 필기시험에 합격했으나 면접시험에서 탈락하는 공무원 응시자가 대폭 늘게 되었다. 공무원 시험도 이제 각 기업체 응시생들과 같이 면접이 대폭 강화되어 소홀히 다룰 문제가 아님을 단적으로 확인할 수 있다.

또한 5~10분이라는 시간 속에서 형식적으로 실시하던 개별면접도 행정 · 외무고시의 경우 40분간 실시하고, 7급과 9급도 각각 20분과 15분으로 시간을 대폭 늘렸다. 특히 서울시는 7 · 9급 채용 시 영어면접을 실시해 변별력을 높이겠다는 의지를 밝혔다.

이처럼 면접시험이 일반 기업체뿐만 아니라 공무원 시험에서 그 중요성이 강조되고 있음을 인식하고 그에 따른 준비를 철저히 해야 할 것이다.

4. 면접의 유형과 그 대응법

면접시험은 크게 세 가지 형태, 즉 개별면접, 집단면접, 집단토론식 면접으로 나눌 수 있다. 공무원 면접은 위의 세 가지 중 주로 개별면접을 실시하고 있다.

면접실의 배열은 면접방식, 면접시험의 중시도, 면접관의 구성 등에 의해 결정되는데 지원자가 사전에 면접방식, 면접실 배열 등을 숙지하고 대응방법을 준비해간다면 성공적인 면접을 할 수 있을 것이다.

단독(개인)면접

지원자와 면접관이 1:1 개별적으로 질의하고 응답하는 보편적인 방법이다. 평소에 1대 1로 대화할 수 있는 훈련을 쌓아두는 것이 중요하다. 면접관이 한사람이라 객관성을 잃을 우려가 있고 시간이 많이 걸린다는 단점이 있지만, 필기시험 등으로 판단할 수 없는 지원자의 성품이나 능력을 폭넓게 파악하는 가장 좋은 방법이다.

이 방법은 수험생에게 필요 이상의 긴장감을 유발할 수 있으나, 편안한 마음으로 면접에 응한다면 다른 방식에 비해 오히려 좋은 결과를 얻을 수 있다. 평소 모의면접 등을 통해 일대 일로 논리 정연하게 대화하는 연습을 갖는 것이 도움이 된다.

개별면접

개별면접이란 1명의 수험생을 한 명 또는 여러 명의 면접관이 면접하는 방식이다.

면접관이 여러 명이므로 객관적이고 다각적인 질문이 나올 수 있고 이를 통해 응시자의 다양한 측면을 평가할 수 있다는 장점이 있지만, 응시자에게 지나친 긴장감을 줄 수 있는 단점도 있다.

개별면접에서는 다수의 면접관이 지켜보고 있다는 것을 염두에 두어야 한다. 질문을 한 면접관에게만 대답을 한다는 자세를 취할 것이 아니라 모든 면접관에게 대답한다는 생각으로 질문에 응해야 한다. 면접위원을 당신이 존경하는 선생님이나 선배님을 대하는 것과 같은 기분으로 생각하는 것도 하나의 성공하는 길이라 할 수 있다. 공무원 면접시험에서는 일반적으로 학계(學界)의 교수님과 현직 공무원 중에서 몇 사람씩 복수조로 면접위원이 구성되는 사례가 많다.

그리고 단독면접 때와 달라서 이 형식의 면접에서는 질문을 다방면에 걸쳐, 의외의 질문을 하는 경우도 있다. 이러한 때에는 당황하는 기색을 보이지 말고 대화의 변화에 따른 자연스러운 태도가 요구된다. 공무원 면접시험에 임하는 기본자세인 분명한 음성, 밝은 표정, 단정한 자세, 곧은 시선, 바른말, 개성 있는 이미지 연출 등 침착하고 자신감 있게 입실에서부터 퇴실까지 후회 없는 마무리를 하도록 한다.

어떤 면접이든 일반적으로 처음 2~3분간은 수험생의 자

기소개를 요구하는 경우가 많다. 이에 대응하여 대답할 내용을 미리 간략하게 정리하는 것이 중요하다.

집단면접

복수의 수험생에 대해 복수의 면접위원이 면접하는 방법으로 다수의 수험생을 각각 비교하면서, 공정한 평가를 할 수 있는 방법. 자기보다 앞서 한 응답자와 같은 대답을 했다고 해서 결코 마이너스만 되는 것은 아니다. 대답이 같다고 해도 그것을 표현하는 방법을 자기 나름대로 연구해야 한다. 그리고 자신이 응답하지 않을 경우에는 다른 수험생의 응답태도를 잘 듣고 있어야 한다.

대부분 앉은 순서에 따라 수험생에게 순차적으로 질문이 던져진다. 면접시간을 단축할 수 있고, 압박감이 덜하며, 적응력과 조화력을 평가할 수 있다. 또한 평가에 있어서 객관성을 유지할 수 있다는 장점이 있어 많이 채택된다.

특히 집단면접은 그 자리에서 상대평가가 되기 때문에 신경을 써야 한다. 혼자서 자기 주장만 하거나, 다른 사람이 말

할 때 한눈을 팔거나, 발언기회를 놓치고 침묵을 지키는 것은 좋지 않다. 또한 다른 사람을 설득시키려고 자기 의견을 지나치게 주장할 필요는 없으며, 남의 의견을 경청하고 수용하면서 자기 주관을 펼치는 전략이 가장 효과적이다.

주의할 점은 집단 속에 자신이 묻히거나 밀려나지 않도록 하는 것이다. 좋은 점수를 받기 위해 너무 튀려고 해서도 안 되며, 상대방의 의견에 말꼬리를 붙잡고 늘어지는 모습도 삼가야 한다.

집단면접은 개인경쟁력도 체크하지만 동료들간의 협력 마인드나 팀웍도 동시에 파악한다는 점을 염두에 두고 면접에 응해야 할 것이다. 따라서 상대방의 말에 수긍하는 자세를 취하면서 전문적인 지식을 바탕에 두고 자기의 주장을 논리적으로 표현하고 설득한다면 좋은 점수를 받을 수 있다.

집단토론면접

다수의 응시자가 한 조를 이루어 특정 주제를 놓고 토의하는 과정을 면접관이 관찰한 뒤 평가하는 방식으로 보통 30

A 신라 때의 만장일치 회의제도

분에서 1시간 정도 진행된다. 지원자들이 토론을 벌이는 동안 면접관은 면접자에게 주제를 정해줄 뿐 내용에 대해서는 일체 지시를 하지 않고, 응시자들의 발언 내용이나 제스처, 경청태도, 발언태도 등을 유심히 살핀다.

면접관은 응시자들의 논리력, 사고력, 협조성, 판단력, 표현력, 조직적응력, 지도력 등에 대해 평가한다. 집단토론면접에서 응시자가 주의해야 할 사항은 주어진 주제들이 명확히 결론을 낼 수 없는 성질의 것이 많다는 점이다. 따라서 응시자들은 자신의 주장을 독단적으로 내세우기보다는 서로 화합하여 토론 주제에 대한 명확한 결과를 이끌어 나가는 것이 무엇보다 중요하다. 집단토론면접은 전체 속에서 개인의 리더십, 판단력, 설득력, 협동성 등을 평가하는 방법이다.

집단토론면접에 있어서는 언제나 주제에 입각한 발언을 하고 요점을 명확히 하기 위해 결론부터 이야기해야 한다. 간단한 필기도구를 준비하는 것이 좋으며, 평소에 신문 사설이나, 매스컴의 토론 프로그램 등을 시청함으로써 자기만의 시각과 커뮤니케이션 능력을 키워두는 것이 좋다.

Q 중국 고대의 상형문자는?

5. 면접시험의 평가요소와 기준

흔히 면접시험에는 정답이 없다고들 한다. 예를 들어, "당신의 성격상 장점은 무엇입니까?"라는 질문에 응시자 전원이 "매사에 적극적이며 신중한 성격입니다."라고 했다고 하자. 이것이 만약 필기시험이라면 동일한 점수를 받을 수 있겠지만 면접시험에는 그렇지 않은 예가 허다하다.

일반적인 평가기준

면접시험의 평가기준이란 지원한 곳, 지원한 직종에 따라 많은 차이가 있기는 하나 공통적으로 취업 응시자들에게 요구하는 일정한 척도는 있기 마련이다. 일반적으로 면접시험을 통해 응시자를 평가하는 요소에는 외모에 의한 평가요소, 질의응답에 의한 평가요소, 응모서류에 의한 평가요소 등의 세 가지가 있다.

(1) 외모에 의한 평가기준

외모란 얼굴의 아름다움과 추함을 말하는 것이 아니라, 다른 사람에게 주는 인상을 말한다. 사람은 첫 인상이 매우 중요하다. 어딘가 그늘이 있고 어두워 보이는 사람보다는 밝고 명랑한 사람이 발전적이라는 평가를 받는다.

흔히 면접시험은 첫 5초가 가장 중요하다고 한다. 면접관에게 주는 첫인상이 그 5초에 달려있기 때문이다. 따라서 면접시험을 준비하는 응시자들은 면접관에게 좋은 인상을 심어줄 수 있는 다음과 같은 외모의 일반적인 기준에 대해 알아볼 필요가 있다.

건강

건강한 육체와 정신은 보이지 않는 중요한 자산이다. 인재를 채용하는 것은 그것이 정신노동이든 육체노동이든 노동에 종사해주기를 원하는 것인데 건강이 좋지 않아 직무를 원만히 수행할 수 없다면 매우 곤란한 일이다. 그러므로 면접을 볼 때 건강상태를 체크하는 것은 당연한 일이다.

또한 신체검사에는 하자가 없다고 하더라도 피곤해 보이거나 창백해 보이는 얼굴은 면접관에게 건강한 이미지를 줄 수 없으므로 면접당일 외모에서 풍기는 건강상태에도 주의를 기울여야 한다.

▌복장

면접관들과의 첫 대면은 깨끗하고 신선한 이미지를 주는 것이 중요하다. 수수한 옷이라도 청결하고 단정하게 입는 것이 우선 갖추어야 할 점이다. 공무원 복장으로는 정장이면 무난하며 짙은색과 어두운 색이 안정되게 보인다. 여성의 경우는 스커트 정장과, 바지 정장도 무난하다. 색상이나 디자인이 특이해서 튀지 않으면 된다. 남성도 정장차림으로 깔끔하게 마무리하는 것이 좋다.

▌태도

몸가짐이나 동작이 민첩하고, 전체적으로 활기가 넘치면서도 침착성과 함께 타인과 조화를 이루려는 편안한 느낌을 주는 것이 바람직하다. 특히 응답할 때의 시선, 상대방에 대한 배려를 느낄 수 있는 예의범절 등에도 신경을 써야 한다.

▌명랑성

외향적 성격과 내향적 성격은 각기 장단점이 있으나, 일반적으로 목적 실현을 위해 커뮤니케이션을 강조하고, 직장이라는 조직에서의 적응을 위해 어둡고 우울한 성격보다는 밝고 외향적인 사람을 선호하게 된다.

▌협조성

조직은 개인의 능력 못지 않게 적응력과 타인과의 협조성을 중히 여긴다. 사회에 대한 감정이나 태도가 원만할 것, 극단적으로 좋고 싫음의 감정을 나타내지 않고 사고방식이나 견해가 유연할 것, 자기 과신이나 편집적인 성격이 아니라, 남의 의견도 존중하며 원활한 팀웍을 수행할 수 있는가가 평가 요소 중 하나이다.

▌대화방법

응시자가 사용하는 언어의 명료함과 응답의 태도 자체를 체크한다. 작은 목소리로 자신 없게 말하거나 은어, 속어 등을 사용하는 것, 상대방의 말을 끝까지 듣지 않고 중간에 끊는 것 등은 감점의 요인이 된다.

(2) 질의응답에 의한 평가요소

이것은 면접관과 응시자의 질의 응답과정에서 얻을 수 있는 평가요소로 크게 나누어 응답과정 전체에서 얻어지는 이해력 · 판단력 · 표현력, 응답내용에 따라 얻어지는 인생관 · 사회관, 학식과 지성의 정도 등의 여러 가지 평가요소를 말한다.

① 질의응답 과정에 의한 평가요소

▌이해력

질문내용을 잘 이해하는 것이 올바른 응답의 기본이다. 질문 의도를 잘못 이해하거나 속단하여 자기 멋대로 응답하는 것은 감점의 요인이 된다. 면접관의 질문의도를 정확히 모를 때에는 "~은 이런 의미의 질문입니까?"라고 확인한 후 응답하는 것이 오히려 현명한 태도이다.

판단력

면접시험에서는 일반적으로 주어지는 질문이외에도 응시자를 당혹하게 하는 기발한 질문들도 주어질 수 있다. 깊이 생각하지 않고 경솔한 대답을 하는 것은 금물이며, 잘못 대답했거나 실수를 했을 때에는 솔직하게 실수를 인정하고 다음 질문으로 넘어가는 것이 좋다. 평소에 유연한 사고방식을 가지도록 노력하는 것이 중요하다.

표현력

표현이 논리적인가, 요점을 간결하게 표현할 수 있는가, 듣는 사람에게 공감과 감명을 주는 이야기인가, 사용하는 용어가 적절하며, 어휘가 풍부한가 등이 평가의 대상이 된다.

일관성 없는 논리, 빈약한 어휘사용, 용어를 잘못 사용하는 것 등은 감점의 요인이 된다.

적극성

역량있는 공무원을 위해서 행동력과 창조력이 뛰어난 인재를 선호하는 것은 당연하다. 따라서 직무에 대한 적극적인 자세, 창조적인 노력, 강한 도전의식 등이 높게 평가된다. 힘든 일을 피하려는 태도, 수동적인 표현 등은 보이지 말아야 한다.

계획성

'앞으로 10년 후에 어떤 모습일 것 같은가' 등의 질문을 통해 합리적으로 계획성 있게 일을 하는 성격인가, 또한 그런 능력을 가졌는가에 대해 평가한다. 응시자가 꾸준히 계획성 있게 자기계발과 업무능력 향상을 꾀할 수 있는가가 중요한 문제이기 때문에 체크되는 항목이다.

안정성

정서가 안정되어 있다는 것은 사회생활을 하는 데 있어서 불가결한 요소이다. 교우관계나 취미, 스트레스 해소법 같은 질문을 통해 안정성이 평가될 수 있다. 교우관계가 좋지 않다거나, 친구로부터 영향을 받기 쉽다거나, 뚜렷한 취미가 없는 것은 면접관에게 불안정한 느낌을 줄 수 있다.

성실성

아무리 학식과 능력이 뛰어난 사람이라 하더라도 무책임하고 즉흥적이어서 성실성에 대해 신뢰감을 줄 수 없다면 다른 사람과 협력하는 것이 어렵다. 특히 조직생활을 하는 데에는 다른 사람의 협력이 필수조건이므로 면접관은 응시자의 장점과 단점, 인생관에 대한 질문을 통해 성실한 사고방식을 갖고 있는 지를 평가한다.

사회성

조직은 하나의 목표를 위해 전체가 노력할 필요가 있다.

따라서 지나치게 독단적이거나 불평불만이 많은 성격은 팀 웍을 해치게 된다. 면접관은 이것을 '교우관계'나 '성장환 경' 등의 질문으로 평가한다.

② 응답내용에 따른 평가요소

공무원의 평가항목은 5개항이며, 평점은 상(3점), 중(2점), 하(1점)로 구분된다. 면접위원 2인에게 동일항목에 대해 '하'의 평점을 받으면 불합격처리 된다.

● 공무원 면접 평가항목 5개항 ●

① 공무원으로서의 정신자세
② 전문지식과 그 응용능력
③ 의사발표의 정확성과 논리성
④ 용모, 예의, 품행 및 성실성
⑤ 창의력, 의지력, 기타 발전가능성

(3) 서류에 의한 평가요소

서류심사는 이력서, 자기소개서, 입사지원서 등에 기재된 사실들의 평가요소만을 기초로 심사하는 것이며, 면접시험의 기초자료가 된다. 응시자는 자기가 제출한 이력서나 자기소개서에 기재된 사항 중 면접관이 궁금하게 생각할 것이 무엇인지를 판단해 면접시험 전에 미리 답변을 준비해 두는 것이 좋다.

가족사항

학연·지연을 중시하던 예전과는 달리 최근에는 가족관계나 성장배경을 문제삼아 평가하는 경우는 그리 많지 않다. 다만 건전한 가정환경 속에서 성장하여 가족과 사회에 대한 건강하고 유연한 사고방식을 가지고 있는 지에 대한 평가가 있을 수 있다.

부친의 직업

사실 응시자 개인에게는 관계가 없는 것처럼 보이지만, 이 또한 평가자료의 항목으로서 거론된다. 일반적으로 부친이 가정 내에 끼치는 영향이 매우 크기 때문이다. 따라서 부친의 직업, 사회적 지위를 안다는 것은 그 가정의 분위기, 경제상태, 지적수준 등을 추측하는 중요한 자료가 된다.

▌경력

입사지원서에 기재된 이력과 경력 부분에 대해서는 면접에서 상세한 질문을 통해 확인하게 된다. 만약 제출된 입사서류에 기재된 내용과 면접에서의 응답 사이에 상이한 부분이나 앞뒤가 맞지 않는 부분이 있으면 신뢰성을 잃게 되므로, 면접시험 전에 자신의 경력사항을 논리적으로 설명할 수 있도록 준비해야 한다.

또한 최근에는 응시자의 아르바이트 경험이나, 공모전 참여, 사회봉사 활동 등 다양한 경력을 선호하므로 이에 대한 준비도 일찍 시작하는 것이 좋다.

특기 · 면허 · 자격

학창시절에 어떤 특기나 면허, 자격 등을 획득했다는 것은 한 가지 일에 집중하여 성과를 이루었다는 증명이므로 당연히 플러스 요인이 된다. 특히 그러한 자격이나 면허가 지망부서와 관련이 있는 것이라면 해당 직종에 대해 오랫동안 체계적, 현실적으로 준비해 왔다는 반증이므로 환영받을 수 있다.

취미

이 항목의 평가기준은 우선 취미가 있는가 없는가, 취미가 건전한 것인가 불건전한 것인가, 인격형성에 어떠한 영향을 끼쳤는가, 교양이나 재능의 향상, 건강유지 등 명확한 목적을 갖고 있는가 등이다. 취미가 없는 것은 사회생활에서 생길 수 있는 스트레스 등을 건전한 방법으로 처리할 수 없다는 것이고, 사교성에도 문제가 있는 것으로 인식되어 좋은 평가를 받을 수 없다.

성격

최근의 면접시험은 응시자의 자기분석을 반드시 필요로 한다. 자신의 장점과 단점은 무엇이며, 어떻게 개선하려고 노력하고 있는지에 대해 적극적이고 객관적으로 표현할 수 있어야 한다. 이를 통해 응시자의 자기분석 능력과 자기 개선 의지 등을 평가할 수 있기 때문이다. 지나친 자기과신이 되지 않을 정도로 효과적인 자기 PR을 할 수 있어야 한다.

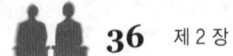

제2장 새로운 경향에 따른 면접전략

1. 성공적인 면접전략 세우기

최근의 채용경향 중 하나는 바로 면접방식의 다양화와 비중강화를 들 수 있다. 대기업을 중심으로 집단면접과 토론면접, 프리젠테이션면접 등 다양한 면접방식이 도입되었으며, 최근 공무원임용에도 영어면접이 도입되었다. 공무원시험에서 형식에 그치던 면접이 이제 실제적인 당락을 결정짓는 시험으로 자리하게 되었다.

이처럼 면접 비중이 커진 만큼 이제 취업을 하기 위해서는 면접에 대한 사전준비가 보다 치밀하고 구체적으로 이루어

져야 한다. 그렇다면 성공적인 면접을 위해 무엇을 준비해야
할까.

(1) 자신의 세일즈 포인트 준비

면접시험을 준비하는 응시자들은 '나'에 대해 설명할 수
있도록 자신에 대한 치밀한 분석과 논리를 준비해둬야 한다.
자신의 장점과 단점은 무엇인지, 장점이 해당 직무에 어떤
공헌을 할 수 있는지, 단점을 극복하기 위해 어떤 노력을 하
고 있는지를 설명할 수 있어야 한다.

자신의 능력에 대해서는 적극적으로 그리고 구체적으로
PR할 필요가 있다. 다음으로는 내가 하고 싶은 일이 무엇인
지를 정확하게 말해야 한다. 면접관들은 지원자들의 지원동
기를 들어봄으로써 업무에 대한 의욕과 적합성을 평가한다.
따라서 구체적으로 논리에 맞도록 자신을 표현할 수 있어야
한다. 막연한 대답으로는 좋은 점수를 기대하기 어렵다.

자신에 대한 정리 사항

- 나의 목표(短期 · 長期)
- 목표를 이루기 위한 구체적 경험과 계획
- 나의 성격, 생활신조
- 타인의 평가
- 나의 장점과 단점
- 직무에 도움이 될 만한 기능이나 자격, 경험
- 지망 이유
- 나의 직업관, 동료와의 대인관계
- 입사 후 10년 후의 모습

(2) 정보 수집

면접날짜가 정해진 후에는 정보를 철저히 수집해야 한다. 면접시험의 성공 여부는 대부분 사전 준비를 어느 정도 했느냐에 달려 있다. 면접준비의 1단계는 지원한 곳의 문화와 업무내용을 충분히 파악하고 면접장에 가야 하는 것이다.

이것은 가장 기본이 되면서도 면접관으로부터 매우 중요

하게 다뤄지는 항목이다. 응시자가 지망한 곳이나 직종의 정보를 정확하게 수집해서 연구하고 있다는 것은 그만큼 입사 동기와 직무에 대한 열의를 뚜렷하게 보여주는 것이므로 면접관에게 좋은 평가를 받을 수 있다.

2. 면접시험의 완벽 준비

통상 면접관은 20초 이내에 응시자의 첫인상을 판단한다고 한다. 밝고 온화한 표정, 인사성이 있고 쾌활하고 용모 단정함, 말 한마디 한마디가 믿음이 가고 논리가 살아 있다면 첫인상으로 가산점을 따고 들어가는 것과 다를 바 없다.

면접시 모든 면접관은 응시자의 일거수 일투족을 관찰한다. 눈은 어디를 쳐다보는지, 표정은 어떤지, 인사에서부터 앉아 있는 자세는 어떤지 등등이다.

입실에서 착석, 간단한 인사말에 이르는 짧은 시간동안 응시자에 대한 첫인상이 결정된다. 깔끔한 옷차림과 자신감 있는 행동은 기본이다. 면접에 앞서 자신을 한 번 점검해 보자.

가족관계

가족상황에 대한 질문들을 통해 면접관은 응시자가 건강한 가정에서 자랐는가, 가족과 어떤 관계를 유지하고 있는가, 가정에 대해 지나친 의존을 하거나 무관심하지 않은가, 불화는 없는가를 관찰하며, 책임감, 독립심, 예의범절, 협조성, 성장배경에 대해 평가하게 된다.

 **주요질문**

- 당신의 가정 환경에 대해 설명해 주십시오.
- 가족들은 모두 건강하십니까?
- 가족 중에서 공무원이 있습니까?
- 원만한 가정이라고 생각하십니까?
- 가족과는 사주 내화하는 편입니까, 화제는 주로 이떤 것입니까?
- 부모와의 대화 중 세대차는 어떻게 극복합니까?
- 부모님의 교육방침은 무엇입니까?

자신의 성격

누구나 자신의 성격에 대해 물으면 어떻게 표현해야 할지 망설이게 된다. 면접관은 성격에 대한 질문을 통해 응시자의 면접시험은 짧은 시간 내에 응시자가 전체적으로 평가받는 자리이다. 따라서 전공 필기시험과 같이 단시간 내에 준비하고 집중 연습해서는 어렵다. '이것이 정답이다'라는 해답도 없고, 어떤 질문이 나올지 예측하기도 어려워 평소에 어떻게 준비해야 할지 막연하게만 느껴지는 것이 바로 면접시험이다.

그러나 여러 면접 사례들을 분석해 보면, 철저한 준비를 통해 면접시험에 성공하는 경우가 많다. 그리고 반드시 사전에 준비해두어야 할 사항도 있다.

여기에서는 면접에 대한 준비 사항을 평소의 준비사항, 시험직전의 준비라는 두 가지 단계로 나누어 살펴본다.

(1) 평소의 준비

면접시험에서 응시자를 평가하는 요소는 면접시험의 평가기준에서 살펴본 것처럼 매우 복잡하고 다양하다. 또한 평가요소 중에는 응시자가 오랜 시간동안 꾸준하게 준비해야 하

는 다음과 같은 것들이 있다.

대화와 면접기술의 습득

면접시험에서는 아주 짧은 시간 내에 면접관의 질문에 적절히 응답함으로써 자신의 소신을 밝혀야 하는데 그러한 기술은 하루아침에 터득되는 것이 아니다. 따라서 평소부터 다음과 같은 점에 유의하여 준비를 해두는 것이 좋다.

- 답변을 통해 긍정적인 사고와 성장 가능성이 있는 진취적인 모습을 보여주어야 한다.
- 자신이 말하고자 하는 바를 짧은 시간에 정리, 논리적으로 현실감 있게 설명할 수 있어야 한다.
- 끝까지 자신감 있는 당당한 어조로 발음하는 연습을 한다.
- 말에 억양을 넣어 활기 넘친 대화법을 연습한다.
- 올바른 경어와 표준어를 정확히 구사하는 연습을 한다.

국어와 경어의 올바른 사용

우리말의 경어 사용은 어려운 점이 많다. 면접시험의 경우에는 학생 신분이 대부분인 응시자와 사회 선배이자 직장 상사가 될 수도 있는 면접관이라는 관계가 정해져 있으므로 복잡하게 생각할 필요는 없다. 특히 주의해야 할 점은 다음과 같다.

- 자신을 가리키는 말은 '저'를 표준으로 하고, '나'라는 1인칭을 사용하지 않는다.
- 친족이나 친척을 가리키는 경우에는 '아버지 · 어머니 · 형 · 조부모……' 등을 사용하며, 특별히 경칭을 쓰지 않는다.
- 제3자에 대해서는 특별히 경칭을 사용하지 않는다.
- 국장이나 과장은 직위명이지 존칭이 아니므로 '님'자를 붙여 부르는 것이 좋은 인상을 준다.
- 관용어의 올바른 사용, 외래어 · 유행어 의미 습득, 희망 직종에서 자주 사용되는 용어의 습득 등도 평소에 습관화 해두는 것이 유익하다.

일반상식의 습득

면접시험에서 일반상식의 중요성은 점점 더 높아가고 있다. 그 이유는 여러 방면에 걸친 관심과 이해력을 가진 인재를 선호하기 때문이다. 따라서 면접시험 전에 일반상식에 관한 서적을 골라 정독하고, 신문이나 잡지 등을 정기 구독하면 많은 도움이 된다.

면접시험에서는 단편적인 사실을 알고 있는지를 평가하는 것보다 중요한 사건이나 이슈에 대해 응시자가 어떤 견해를 가지고 있는지를 묻는 질문이 증가하고 있다. 따라서 사설을 탐독하거나 모의 토론 등을 통해 자신의 생각을 논리 정연하게 표현하는 연습을 해두는 것이 좋다.

영어인터뷰 준비

최근에는 지원자의 영어능력을 중시하는 경향이 늘고 있다. 그러나 실제 면접에서는 실력을 제대로 발휘하지 못하는 수험자들이 대부분이다. 영어 면접시험을 대비해 1~2분 정도 영어로 자기를 소개하는 연습을 해두어야 한다. 영어인터

A 최신의 소식 또는 그 기사

뷰는 따로 예상 질문지와 답변지를 만들어 자주 연습해두는 것이 좋다.

(2) 시험 직전의 준비

요즘은 취업을 위한 준비가 예전에 비해 일찍 이루어지는 경향이 있다. 취업전문가들은 일반적으로 2학년 때까지는 자신의 진로결정을 마쳐야 하고, 3학년까지는 해당 자격증과 경력에 비중을 두며, 졸업반에서는 해당 기업과 직종에 대한 연구를 시작해야 한다고 조언한다.

특히 면접시험은 취업의 마지막 관문인 만큼 시험 직전의 준비가 아주 중요하다. 취업희망자는 입사서류 작성 때부터 면접시험을 대비하고 다음과 같은 준비를 해두는 것이 좋다.

지망한 곳의 면접형태 연구

면접날짜가 정해지면 면접형태와 예상질문 등에 대한 정보를 수집해야 한다. 개인면접인지, 집단면접인지, 면접관은 몇

명 정도 배석하며, 면접시간은 대략 어느 정도인지, 면접시 주안점을 두는 부분은 무엇인지를 체크해 두는 것이 좋다.

특히 최근 활발히 성장하고 있는 취업전문사이트에는 취업에 관심이 많은 네티즌들이 자신들이 경험한 기업별 면접형태, 질문유형 등을 올려 현장감 있는 면접 정보들을 실시간으로 만나볼 수 있다.

또한 선배들의 면접성공담, 인사담당자들의 충고나 전문가들의 취업상담 등도 소개되어 있으므로 면접 전에 취업전문사이트를 방문해 관련 정보를 자기 것으로 적극 활용하는 노력이 필요하다.

답변내용은 반드시 제출서류와 일치

면접에 임하게 되면 대부분 이미 제출된 서류에 의해 기본적인 질문이 주어지게 된다. 서류는 되도록 일관성 있게 작성하는 것이 원칙이다. 면접시험에서도 답변내용이 서류에 기재된 내용과 일치하도록 사본을 만들어 최종면접 직전에 반드시 확인해야 한다.

A 경극(京劇)

전공과목의 지식 · 데이터 정리

전공부문에 대한 테스트는 각 분야별 면접시 꼭 이루어진다. 따라서 전공분야에 대한 기초적 지식이나 자료를 정리하여 질문에 정확히 답변할 수 있도록 해두어야 한다. 면접시험에서는 깊이 있는 지식보다는 폭넓은 사고와 지식을 요구한다. 곧 전공분야에 대해 넓게 많이 아는 것이 면접에서는 유리할 수 있다.

최근시사 · 이슈의 정리

면접시험에서 시사상식에 관한 질문은 최근에 일어난 주요 이슈에 관한 것이 많다. 이에 대한 대비는 신문 · 잡지 등을 탐독하면서 최근시사상식과 주요 이슈에 대한 스크랩과 요약, 그에 대한 자신의 견해를 반드시 정리해 발표하는 연습을 해두면 면접시험에 큰 도움이 될 수 있다.

예상질문 연구와 모의면접

면접시험은 아주 긴장되는 자리이다. 요즘에는 응시자의

긴장을 풀고 보다 자유로운 분위기에서 면접을 하는 경우가 많다. 그러나 실제 면접에서 명확한 의사표현을 하는 것은 쉬운 일이 아니다.

이를 해결하는 가장 좋은 방법이 모의연습이다. 친구나 친지, 선배 등과 함께 서로 역할을 바꾸어 모의 면접시험을 가져보는 것이다. 모의면접에서는 질문과 답변만 중시하지 말고 면접시의 답변 태도나 억양, 표정 등에 대한 관찰과 반성도 같이 이루어져야 한다.

모의면접을 통해 면접시험에 자주 등장하는 예상질문들을 정리하고, 자기만의 개성 있는 답변을 준비하면 좋은 결과를 가져올 수 있다. 지망동기에 대한 질문사항과 일에 대한 의식, 자신의 소개, 학창시절 관련 질문은 기업의 특성과 관계없이 공통적으로 가장 많이 하는 질문이므로 철저하게 준비해 두는 것이 좋다.

또한 자기 소개도 2~3분 안에 발표할 수 있도록 사전에 준비해 두어야 한다. 모의연습은 면접에 대한 자신감과 순발력을 키우는데 큰 도움을 준다.

A 그레샴의 법칙

모의면접시 체크 할 항목

- 나의 목표(장기적, 단기적)
- 목표를 실현하기 위한 구체적인 계획
- 전공을 선택한 이유
- 전공 이외에 관심을 가졌던 분야
- 서클, 아르바이트, 인턴경험 등을 통해 얻은 것
- 대인관계
- 나의 장점과 단점, 그리고 단점을 어떻게 극복할 것인가
- 직무에 도움이 될 특기와 자격증
- 나의 생활신조
- 지망 이유
- 입사 후 어떤 기여를 할 수 있는지에 대한 포부
- 입사 후의 희망직무와 그 이유
- 입사 5년 후 자신의 모습

3. 면접 사례 및 예상질문 연구

여기에서는 실제 면접시험에 자주 등장하는 질문 유형들을 분류하여 대표적인 질문사례와 평가관점, 대처방법 등을 알아보고자 한다.

Q 발문(跋文)·후기를 나타내는 말은?

자기분석능력, 객관화능력, 표현능력을 보려고 한다. 지나친
자기과시나 비하는 감점의 요인이 된다.

단점에 대해서는 솔직하게, 그리고 단점을 극복하기 위해
어떤 노력을 하는지를 설명하고 장점에 대해서는 겸손하게
소신껏 말할 수 있어야 한다. 대인관계는 응시자의 협동심과
적응력을 판단하는 중요한 평가요인이므로 상대에 대한 배
려와 유연한 대인관계를 보여주는 것이 플러스 요인이 된다.

 **주요질문**

- 자신에 대해 간단하게 소개해 주십시오.
- 자신의 성격에 대해서 어떻게 생각합니까?
- 자신의 성격 중 장점과 단점에 대해 말해보시오.
- 살아오면서 가장 기뻤던 경우와 가장 슬펐던 경우에 대
  해 말씀해 주십시오.
- 자신에게 있어 가장 소중한 것은 무엇입니까?
  (유형, 무형 각각 1가지씩)
- 하기 싫은 일이 주어졌을 때는 어떻게 하겠습니까?
- 건강유지를 위해 어떤 노력을 하고 있습니까?
- 스트레스가 쌓이면 어떻게 풉니까?
- 어려운 일이 생겼을 때 누구와 상의합니까?
- 어떤 면을 보고 친구를 사귑니까?
- 친구들이 자신을 어떻게 평가하고 있다고 생각합니까?

대인관계

"그 사람을 알려면 친구를 보라"는 말이 있듯이 다양하고 참된 친구들을 보면 그 사람의 인격을 알 수 있다. 면접관은 지원자의 친구관계를 통해 지원자를 알아보려 한다. 단순히 친구관계에 한정해서 그 사람의 인간성을 말하는 것이 아니다.

주요질문

- 대인관계에 있어 가장 중요하다고 생각하는 것은 무엇입니까?
- 주위에 공무원이 있습니까?
- 친한 선배와 후배 한 사람을 소개해 보십시오.
- 최근에 친구와 심하게 다툰 적이 있습니까, 이유는 무엇입니까?
- 이성교제는 학습에 지장을 준다는 견해에 대해서 어떻게 생각합니까?

성장과정과 경력

면접관은 이력서와 자기소개서에 기재된 내용들 중 응시자의 성장과정이나 경력에 대해 확인하고 질문한다. 여기에서 주의할 점은 제출한 서류에 적은 내용을 응시자가 정확히 숙지하고 있어야 한다는 것이다. 질문에 응답하지 못하거나 기재사항과 다른 대답을 하는 경우는 감점의 요인이 된다.

 **주요질문**

- 봉사 활동이나 아르바이트 경험이 있습니까?
- 대학생활 중 전공 외에 어떤 일에 관심을 가졌습니까?
- 학창시절에 어떤 아르바이트를 해 보았습니까?
- 외국여행을 통해 얻은 교훈이나 느낌이 있다면?
- 어학실력은 어느 정도입니까?
- 자격증이 있습니까?
- 대학시절 자신의 성적을 어떻게 생각합니까?
- 자신 있다고 생각하는 것은 무엇입니까?
- 곤경에 처한 적이 있습니까? 있다면 어떻게 극복했습니까?
- 전공을 선택한 이유는 무엇이며, 직장에서 어떻게 활용하 겠습니까?

인생관과 생활신조

한 사람의 인생관 또는 가치관은 본인의 간접적 또는 직접적 생활체험을 통해 자연스럽게 쌓아올려진 사색과 경험의 산물이다. 면접시험에서는 인생관에 대한 질문들을 통해 사람과 사물을 얼마나 유연하게 보고 있는지, 변화에 대해 어뗳게 대응하는지, 일상생활을 얼마나 성실하게 보내고 있는 지에 대한 판단기준이 된다.

면접관은 응시자가 가식적으로 응답하지 못하도록 난해하 고 현실적인 질문도 한다. 따라서 일관성을 잃지 않도록 자 기의 신념과 가치관, 그리고 자기의 인생관에 대한 배경도 순발력 있게 설명할 수 있는 훈련이 필요하다.

주요질문

- 당신의 인생관을 간단히 설명해 보십시오.
- 본인의 생활신조 및 인생에 있어 가장 소중한 것은 무 엇입니까?
- 현재에도 장유유서가 타당한 미덕이라고 생각합니까?
- 사신의 좌우명이 있다면 밀해 보십시오.
- 행복에 대해 느끼는 바를 말해 보십시오.
- 가장 존경하는 사람은 누구입니까, 그 이유는 무엇입 니까?

지원동기와 직업관

직업관에 대한 질문에서는 장래에 대한 비전을 가지고 있 는가, 직무에 대한 열의가 있는가, 기업문화에 적응할 수 있는 기본적인 소양이 되어있는가를 평가한다.

지원동기는 최대 관심사이다. 응시자가 어느 정도의 지식과 정보, 애착을 가지고 있는지를 구체적으로 알 수 있기 때문이다. 또한 직업이라는 것에 대해 어느 정도의 열의와 계획을 알고자 한다.

따라서 응시자는 기본적으로 공무원의 개요, 공무원윤리헌장 등에 대한 기본 지식을 숙지하고 있어야 하고, 뚜렷한 직업관을 가지고 있어야 면접관의 질문의도에 적합한 대응을 할 수 있다.

주요질문

- 직장은 당신에게 어떤 의미입니까?
- 공무원 사회에 대해 알고 있는 것이 있습니까?
- 본인이 공무원에 적합하다고 생각하는 이유는 무엇입니까?
- 공무원과 회사와의 차이점은 무엇이라고 생각합니까?
- 입사 후 원하지 않는 업무나 지역에 배치된다면 어떻게 하겠습니까?
- 입사 후 회사와 맞지 않는다는 생각이 들면 어떻게 하겠습니까?
- 상사와의 갈등이 생긴다면 어떻게 하겠습니까?
- 바람직한 직장인상은 어떤 모습이라고 생각합니까?
- 회사생활을 하면서 자기계발은 어떤 방법으로 해나가겠습니까?

Q 유럽과 극동간의 무역을 촉진시킨 중세의 전쟁은?

▌취미와 특기 · 자격증

지원서 등에 기재된 취미, 특기, 자격 등을 참고해 질문한다. 만약 취미나 특기가 없는 사람이 적당히 기입하면 그에 대한 질문을 받았을 경우 당황하게 된다.

면접관은 취미나 특기에 대한 질문을 통해 응시자의 인간적인 폭이나 여유, 생활패턴, 관심도를 알고자 하며, 건강한 생활을 하고 있는지, 희망직종의 업무에 도움이 되는지를 판단할 수 있다.

따라서 지원 기업의 해당직무에 관련이 있는 취미와 특기 사항들을 평소에 준비하는 자세가 필요하다. 또한 직무에 관련된 자격증은 준비된 인재라는 중요한 평가기준이 되므로 준비해두는 것이 취업성공의 열쇠가 된다.

주요질문

- 특별한 취미가 있습니까?
- 당신이 가장 즐기는 오락이나 스포츠는 무엇입니까?
- 취미나 특기를 통해 얻은 것은 무엇입니까?
- 회사 직무에 관련된 자격증을 가지고 있습니까?
- 자격증을 취득한 이유는 무엇입니까?

█ 상식과 정보 마인드

상식과 시사문제는 단시일 내에 암기를 통해 해결할 수 없는 평가항목이다. 면접관은 상식과 시사문제에 대한 질문을 통해 응시자가 변화하는 사회상황이나 국제 환경에 대해 어느 정도의 관심을 갖고 있는지, 사물이나 사건에 대해 어떤 관점을 가지고 있는지를 판단한다.

상식과 시사에 대한 대비로는 평소에 신문이나 잡지, 인터넷 정보 등을 주의 깊게 살펴보고 주요 뉴스와 이슈를 자신의 시각과 함께 정리해 두는 습관이 필요하며, 면접시험 전에 시사상식에 대한 서적을 구입하여 탐독하는 것도 큰 도움이 될 수 있다.

 **주요질문**

- 구독해서 읽고 있는 신문이나 잡지가 있습니까?
- 신문은 보통 언제 봅니까? 또 어느 면부터 봅니까?
- 조간신문의 머릿기사는 무엇이었습니까?
- 요즘 가장 즐겨 보는 방송 프로그램은 무엇입니까?
- 최근 뉴스에서 가장 관심을 가졌던 것은 무엇입니까?
- 독도문제에 대해 어떻게 생각합니까?

Q 이육사를 중심으로 한 시 전문 동인지는?

- 이라크전쟁에 대한 당신의 의견은 어떻습니까?
- 트랜스젠더에 대해 어떻게 생각합니까?

순발력을 요하는 질문들

면접시험을 치르다보면 기업별로 응시자의 다양한 관심과, 기민한 판단력 등을 알아보기 위해 예상외의 난해한 질문을 던지는 경우가 많다.

 **주요질문**

- 공무원에 지원한 동기를 영어로 말해 보십시오.
- 국어사전을 가지고 할 수 있는 일을 최대한 많이 말해 보십시오.
- 인상이 나쁘다는 말을 들을 때 어떻게 하십니까?
- 10억 원이 생긴다면 무엇을 하시겠습니까?
- 공무원보다 수익이 좋은 회사에 동시에 합격한다면?

제3장 면접의 실제

1. 면접당일의 체크사항

면접시험일은 취업의 마지막 관문을 앞에 둔 모든 응시자들에게 가장 긴장되는 순간이다. 따라서 면접에 대한 준비사항이나 체크해 두어야 할 사항들은 면접시험 전날 미리 챙겨두는 것이 현명하다. 신분증, 응시표, 기타 서류 등의 소지품은 미리 챙겨서 다시 한번 점검해 본다.

특히 면접 전날에는 면접시험을 위해 준비한 각종 정보나 체크 사항들을 메모해 면접 당일에 한 번 더 숙지하고 출발하면 자신 있는 면접시험을 볼 수 있다. 면접 당일에 체크되어야 할 사항들은 다음과 같다.

① 지원한 곳에 대한 사전지식을 점검해 본다

필기시험에서 합격, 또는 서류전형에서의 합격통지가 온 후 면접시험 날짜가 정해지는 것이 보통이다. 응시자는 면접 시험을 대비해 사전에 자기가 지원한 곳에 대해 폭넓은 지식을 가질 필요가 있으며, 그 정보들을 간단한 메모로 정리해 면접 당일에 다시 한 번 숙지해야 한다.

② 좋은 컨디션을 유지한다

첫인상은 면접에 있어서 가장 결정적인 당락요인이다. 면접관에게 우선적으로 활기차고, 건강한 인상을 줄 필요가 있다. 면접관들이 좋아하는 인상은 얼굴에 생기가 있고, 눈동자가 살아 있는 사람이다. 충분한 수면으로 안정감을 유지하고 첫 출발의 신선한 마음가짐을 갖도록 하는 것이 무엇보다 중요하다.

③ 당일 아침 뉴스는 반드시 확인한다

면접시험 중에 그 날의 뉴스가 상식문제로 나올 수 있다. 시사성이 높은 기사를 수험생에게 질문해 그날 그날의 정세를 파악하고 있는지 확인함으로써, 현실 인식 능력을 관찰하는 것은 세계화와 정보화 시대의 기업인재를 구하는 가장 확실한 방법이기도 하다. 특히 경제면, 정치면, 문화면 등을 유의해서 봐둘 필요가 있다.

④ 교통편과 시간 확인

면접시험 시간과 교통편을 다시 한 번 확인하고 면접시간 전에 도착할 수 있도록 여유 있게 집을 나서는 것이 좋다. 출근시간과 맞물리면 교통혼잡으로 시간을 놓치기 쉽다. 가령 지각을 했다고 상상해 보라. 아무리 완벽한 준비를 했으나 심리전에서 밀릴 수 밖에 없다.

시험 당일에는 시험장소까지 평소 걸리는 시간보다 30분 전에는 출발하는 것이 좋다. 면접시험장에 30분 일찍 도착함으로써 누리게 될 여유와 1분 지각으로 이어질 해프닝과

당혹감을 미리 생각해 본다면 알 수 있다. 시간 엄수는 무엇보다 중요하다.

2. 면접의 진행과정과 대응

면접방식은 많이 변화되어 왔다. 그러나 대부분 개별면접방식을 채용하고 있다. 따라서 여기에서는 일반적인 개별면접의 진행순서와 그 대책에 대해 설명하기로 한다.

면접 진행과정은 보통 참석 확인 → 대기 → 면접실 입장 → 질의응답 → 퇴장의 순서가 보편적이다. 면접시험은 이미 면접일자를 통보하면서부터 시작되었다고 생각해야 한다. 면접장소에 도착해서부터 면접을 마치고 문을 나서기까지 전 과정을 마음 속으로 그려볼 필요가 있다. 이렇게 함으로서 준비된 상황과 미흡한 점을 찾아낼 수 있으며, 자신을 볼 수 있는 안목도 생겨나는 것이다.

대개의 면접진행 과정은 다음과 같다.

A 뙨

① 대기실

면접이 치러지기 전에 대기실에서 기다린다. 합격은 했으나 서류등록을 하지 않은 사람도 간혹 있다. 대기실 분위기는 대부분 긴장한 모습이기도 하지만 동병상련을 느끼기에 충분하다.

조용하고 진지한 자세로 차례를 기다리는 동안 예상되는 질문에 대한 대답을 최종적으로 정리하면서 마음을 가다듬는다. 그렇다고 지나치게 긴장하는 모습은 좋지 않다. 대기실에서는 보통 인사담당자가 면접 방식에 대해 간략하게 설명을 한다. 이를 숙지하도록 하고 의문사항이나 불분명한 점이 있으면 반드시 질문을 통해 확인하도록 한다.

최종 면접시간이 가까워지면 다시 한 번 자신의 복장과 외모를 살핀다. 단추가 열려있지는 않은지, 머리가 흐트러지거나 구두끈이 풀어져있지 않은지 살펴본다.

② 호명

담당직원이 이름을 부르면 자신감 있는 목소리로 대답하

고, 조용히 일어나서 직원의 안내에 따라 면접실로 간다. 담당직원이 문을 열어주거나 열린 상태가 아니라면, 면접실 문을 두세 번 노크한 뒤 응답이 있으면 열고 들어간다.

③ 입실

면접시험장은 안쪽에 면접위원이 있고, 입구쪽에 참관인이 두 명 정도 앉아 있다. 입구와 출구가 다른 곳도 있고, 제한경쟁의 경우는 입구가 바로 출구가 되는 곳도 있다. 시험장에 들어갈 때는 꾸부정한 자세나 어두운 표정은 지우고 편안하면서도 자신감 있는 발걸음으로 들어가야 한다. 그 분위기를 보기 위해 입구에서부터 면접위원 앞까지 오는 거리가 상당히 떨어져 있다.

처음부터 좋은 인상을 갖고 들어가야 하며 면접위원 앞에 서서 신분증과 응시표를 책상에 올려둔다. 가볍게 목례를 하면 마주보는 좌석에 앉으라고 지시한다. 이때 시선은 정면을 보되 질문하는 면접위원 쪽을 바라보도록 한다.

앉을 때는 몸이 부자유스럽지 않도록 의자 깊숙이 앉아 등

받이에 등을 약간 붙이는 것이 좋다. 두세 번의 심호흡으로 긴장감을 덜은 후 차분한 마음으로 질문을 기다린다.

면접시 면접관의 눈을 너무 빤히 쳐다보거나(공격적으로 보일 수 있음), 시선을 이리저리 돌리지 말고 면접관의 목과 가슴부분을 본다. 이 때는 특히 표정관리가 중요하다. 지나치게 경직된 표정보다는 약간 여유 있는 편안한 모습이 보기에 좋다. 두 손은 무릎 위에 올려놓는 것이 자연스러우며, 다리를 꼬거나 너무 벌리는 행위는 삼가도록 한다.

④ 질의응답

질문의 답변은 정답인지 아닌지가 중요한 게 아니라 그 사람의 손짓이나 자세, 틀린 답변일 때의 반응 등을 지켜보기 때문에 당황하는 모습을 보이면 안 된다. 질문이 시작되면 침착하고 밝은 표정으로 질문자를 바라보며 주의 깊게 청취한다. 답변할 때는 성급하게 서두르는 것 보다 약간의 시간을 가져 답변을 머리 속에서 정리한 뒤 자신 있게 정확한 발음으로 대답한다.

Q 중국의 4대 발명품은?

서둘러서 급히 말하거나 말끝을 흐려 얼버무리는 듯한 인상은 피하고, 질문내용에 정확히 대답하도록 한다. 특히 다음 몇 가지 사항에 주의하도록 한다.

- 솔직하게, 그리고 자신 있는 태도로 대답한다.
- 질문내용을 잘 모를 때는 반드시 다시 묻도록 한다.
- 대답할 때에 '에…', '저…' 등의 불필요한 말이 나오지 않도록 한다.
- 질문에 자신 있다고 해서 지나치게 큰소리나 빨리 말하지 않아야 하며, 또한 지나치게 오래 끌거나 잠자코 있어서도 안 된다.
- 필요 이상의 답변은 금물이다. 묻는 사항에 대해 아는 대로 자신 있게 대답해 패기를 보여주어야 한다.

⑤ 퇴장

질문이 끝났을 때에도 예의바른 태도와 인사를 잊지 말아야 하며, 들어왔을 때와 반대의 동작으로 조용히 면접실을 나간다. 설령 질의응답 중 실수한 점이 있더라도 혀를 내밀 거나 머리를 긁는 등 흐트러진 모습을 보이면 안 된다.

면접관은 수험생이 일어나 나갈 때까지 일거수 일투족을 관찰하고 평가하기 때문이다. 또한 퇴장시에는 급히 빠져나 가거나 문을 세게 닫는 일이 없도록 한다.

3. 면접에 임하는 자세

① 외모와 복장

첫인상의 대부분은 외모에서 풍기는 인상과 복장이 주는 느낌에 많이 좌우된다. 응시자는 최상의 컨디션으로 면접장 에 들어설 수 있도록 충분한 휴식을 취하고, 깨끗한 이미지 를 주기 위해 간단한 피부관리와 머리 손질을 해두는 것이 좋다.

복장은 응시자의 성격이나 생활태도 등을 반영한다. 지나 치게 화려한 옷이나 튀는 옷은 삼가고, 단정하고 청결한 복 장을 갖추는 것이 좋다.

② 시선

면접시험만이 아니라 평상시 대화를 할 때에도 시선처리는 매우 중요하다. 상대방이 자신의 말을 주의 깊게 경청하고 있는지, 진지한지, 자신감과 확신이 있는지, 진실을 말하는지 등을 시선 처리를 통해 알 수 있기 때문이다.

면접관과의 대화 시에는 눈을 마주치는 것이 좋다. 하지만 지속적이며 고정적으로 면접관의 눈을 뚫어져라 보는 것은 자칫 오해를 불러일으킬 수도 있다. 따라서 면접시 시선처리는 때때로 면접관의 눈을 응시하되, 인중 또는 목 부분 등에 시선을 맞추는 것이 자연스런 시선처리에 도움이 된다.

우리나라에는 아직도 눈을 지나치게 똑바로 쳐다보고 이야기하면 도전적이라는 생각을 가지고 있는 사람들이 있어 종종 주의가 필요하다.

③ 표정

질문을 들을 때나 답할 때 밝은 표정에 약간의 미소를 머금은 얼굴은 상대방에게 성실함과 신뢰감을 줄 수 있다. 답

변하기 곤란한 질문이 던져지더라도 미소를 머금은 밝은 표정으로 "잘 모르겠습니다."라고 대답하는 응시자를 어떤 면접관이 싫어하겠는가.

반대로 무표정하고 딱딱한 얼굴은 고집스럽고 융통성이 없어 보이며, 면접관을 불편하게 만들어 대화의 분위기도 흐릴 수 있다. 얼굴표정은 되도록 면접이 끝날 때까지 일관되게 하며, 여유와 부드러운 느낌을 주도록 한다. 성실하면서도 당당하게 자신의 이미지를 표출하는 응시자의 표정 관리는 매우 중요하다.

또한 면접시 주변환경을 향해 시선을 자주 돌리거나 표정에 변화가 많으면 산만해 보일 수 있다. 소리내어 웃는 것은 소탈해 보일 수는 있으나 자칫 가벼운 느낌을 줄 수 있고, 품위 있어 보이지 않는다.

얼굴이 경직되어 있으면 자신감이 없어 보이고, 웃음이 많으면 가벼운 느낌과 함께 품위가 없어 보일 수도 있다. 적당한 미소는 자신감과 진실성이 있어 보이고 여유를 주어 호감을 얻게 된다. 황당한 질문을 받더라도 인상을 찌푸리거나 얼굴을 밑으로 내리는 것은 좋지 않다.

이처럼 면접시험을 대비한 표정관리는 응시자의 대인관계나 성격 등을 종합적으로 파악할 수 있으므로 단순히 면접시험용으로 포장하기보다는 평소에 자기 이미지를 개발하기 위한 방법의 하나로 습관화시키는 것이 좋다.

④ 자세

서 있을 때나 앉아 있을 때에도 항상 바른 자세가 좋다. 앉아 있을 때는 엉덩이를 깊숙이 넣고 앉아 면접관의 질문에 성실히 응하고 있다는 인상을 주어야 한다. 의자에 기대앉은 자세는 지나친 자신감으로 보여지기 때문에 거만한 분위기를 풍긴다.

인사 담당자들은 거만한 자세보다 열정적인 자세를 선호한다. 의자 앞쪽으로 앉으면 불안해 보이기 때문에 주의해야 한다. 다리는 바닥에 똑바로 놓아야 하며, 면접 중 자신도 모르게 다리를 떠는 것은 좋지 않은 인상을 준다. 또한 면접 중에 무심코 팔짱을 끼는 것도 금물이다.

A 고려 성종 때의 건원중보

⑤ 손과 제스추어

답변 시 제스추어를 잘 준비해 놓으면 말만 하는 것보다 훨씬 효과적으로 의사전달을 할 수 있다. 면접시험에서 손은 보통 무릎 위에 올려놓는 것이 일반적이다. 그러나 답변시 손을 이용해 약간의 제스추어를 쓰는 것은 부드럽고 적극적인 대화 분위기에 도움이 된다.

자연스럽게 손을 이용해 말하는 연습을 해 두면 답변 시 의사전달에 도움이 될 수 있고, 적극성과 진지함을 보일 수 있다. 그러나 지나친 제스추어는 오히려 역효과를 낳을 수도 있다. 예상질문에 따른 답변연습을 할 때 거울을 앞에 두고 적절한 제스추어를 개발해 두는 것도 자신의 개성과 적극성을 보여줄 수 있는 좋은 방법이다.

손과 제스추어에서 조심해야 할 것도 있다. 답변하면서 긴장하게 되면 입술이나 코를 만지거나, 뒷머리를 쓰다듬는 습관이 자신도 모르게 나올 수 있다. 이러한 행동은 답변의 신뢰성을 의심하게 하고, 산만한 태도로 오해받을 수 있으므로 항상 조심해야 한다.

Q 국문으로 전해지는 가장 오래된 가요는?

4. 면접시험에서의 성공 화술

① 분명한 말씨와 적당한 어조

면접에서 성공적인 화술을 위해서는 분명한 말씨와 적당한 어조로 말하는 것이 무엇보다 중요하다. 끊어야 할 곳을 끊지 않고, 중간에서 끊거나 중요한 대목에서 소리가 작아지는 것은 면접관에게 자신감이 없고 애매모호한 답변이라는 인상을 준다.

면접관과의 거리를 생각하여 목소리의 높이를 가감하는 것도 중요하다. 좁은 방에서 큰 소리를 내면 상대방이 편안하게 대화할 수 없다. 그리고 말끝을 흐리는 대화는 다른 사람에게 어둡고 소극적인 인상을 줄 수 있으므로 항상 또박또박 정확하게 말하는 화법을 몸에 익히도록 한다.

② 결론부터 이야기하자

자신의 의사나 생각을 상대방에게 정확하게 전달하기 위해서는 먼저 무엇을 말할 것인지 명확히 정해두어야 한다.

서두가 길어지면 말의 핵심이 무엇인지 애매해지거나, 의미가 약해지고 이야기의 흐름 자체를 잃을 수도 있다. 그리고 수식어의 지나친 사용은 삼가야 한다. 핵심이 없는 대답이 되기 쉽기 때문에 간결하고 일목요연하게 답하도록 한다.

결론을 먼저 이야기하고 그에 따른 설명과 이유를 나중에 덧붙이면 논지가 명확하게 되고, 이야기를 깔끔하게 마무리할 수 있다. 그리고 될 수 있으면, "~가 아닐까요?"라든가, "자세히는 모르지만…" 하는 투의 자신 없는 말보다는 "저는 ~라고 생각합니다."라고 자신의 의견을 당당하게 피력하는 태도가 호감을 살 수 있다.

③ 질문의 요지를 파악하라

면접관이 질문할 때는 주의 깊고 침착하게 그 질문의 의도를 파악해야 한다. 상대방의 질문을 끝까지 듣지 않고 잘못 해석하거나, 흥분하고 당황해서 상대방의 질문 의도를 파악하지 못하면 엉뚱한 대답을 할 수도 있다.

상대방의 질문을 잘 못 들었으면 "죄송하지만 다시 한 번

말씀해 주시겠습니까?"라고 다시 묻는 편이 오히려 현명하다. 질문에 대해 의견이나 생각이 바로 정리되지 않을 때는 "죄송합니다. 조금 생각할 시간을 주십시오."라고 허락을 받고 신중하게 대답하는 것이 좋다.

④ 대답의 타이밍과 응답시간

상대방의 말이 끝나기를 기다렸다가 대답하는 것은 대화의 기본이다. 면접관의 말 도중에 끼어 드는 것은 큰 실례가 된다. 자신이 잘 알고 있는 문제나 아무리 자신 있는 답변이 있다 하더라도 면접관의 말이 끝나기를 기다린 후 대답해야 한다.

그리고 질문이 떨어지자마자 서둘러 답변하지 말고 2~3초의 여유를 두고 차분하게 정리하여 대답하는 것이 좋다. 너무 긴 답변은 면접관을 짜증나게 하거나 불쾌감을 줄 수도 있다.

⑤ 조심해야 할 말버릇

말이 막히면 누구나 "저어…"라고 말하며 머뭇거리게 된

A 인도의 아셈지방

다. 면접에서는 반드시 피해야 할 태도이다. "그래서… 저어…, 그리고…" 등의 애매하고 장황한 대화습관은 감점요인이 된다.

또한 "솔직히 말씀드려서…"라든가, "반드시, 꼭" 이라는 말을 자주 남발하는 것도 응시자의 신뢰성을 의심받을 수 있으므로 조심해야 한다. 평소에 친한 친구를 통해서 자신의 잘못된 대화습관을 찾아보는 것도 현명한 면접 준비일 것이다.

⑥ 경어와 겸양어를 제대로 사용하자

경어를 사용하는 법은 쉬운 것 같지만 실제로는 그렇지가 않다. 특히 존대어와 겸양어는 혼동하기 쉬우므로 조심해야 한다. 경어의 사용은 평소부터 버릇이 되어 있어야 한다. 갑자기 의식적으로 경어를 사용하다보면 긴장하여 엉뚱한 실수를 저지를 수도 있다.

특히 '나' 는 '저' 나 '저희' 로 습관들이도록 하자. '아빠', '엄마', '누나' 등의 호칭은 자칫 의존적이고 독립심 없는 사람이라는 인상을 줄 수 있다. 그 외에 철학책을 읽는 듯한 난

해한 표현, 인터넷 대화용어 등은 피하는 것이 좋다. 면접에서는 어디까지나 구어체로 알기 쉽게 말하는 것이 중요하다.

5. 성공적인 질의응답 포인트

① 자신감 있게 표현하라

면접에서 자신감이 없거나 초조하고 불안해한다면 이미 감점의 대상이 된다. 특히 최근 들어서는 면접관들도 생소하거나 황당한 질문들을 자주 던지고 그 질문에 어떻게 대처하는 지를 살펴보는 경우가 많다.

당황하지 말고 소신 있고 당당하게 답변하라. 때로는 부담스러운 질문을 받더라도 우물거리지 말고 패기만만한 자신감을 보여야 한다. 질문에 대해서는 잠시 생각한 후에 논리적으로 설명하도록 한다. 또한 자신이 생각하기에 질문에 대한 답이 다소 빈약하더라도 당당히 이야기하며 최선을 다하는 자세가 필요하다.

② 성실함과 진실함을 보여라

질문사항에 대한 과장이나 거짓은 금물이다. 불필요한 사족을 달거나 수다를 떠는 것도 피해야 한다. 장황한 설명보다는 결론을 먼저 말하고 나중에 부수적인 설명을 덧붙이는 형태로 대화를 끌고 나가야 한다. 모르는 것은 솔직히 모른다고 대답하는 자세가 중요하다.

진실된 모습과 성실한 답변이 최선이다. 설령 면접 후 본인은 실패했다는 느낌이 들었더라도 면접관은 그 사람의 내면에 있는 성실함과 진실함에 후한 점수를 매겼을지도 모른다.

③ 당당하고 솔직하게 자신을 소개하라

자기소개는 자기소개서 등 지원 서류에 나타나지 않은 응시자의 일면을 파악하는 동시에 표현력도 함께 평가할 수 있다는 점으로 인해 거의 모든 면접현장에서 실시되고 있다. 자기소개 시간만큼은 자기가 주도적으로 「자기를 PR」할 수 있는 기회이므로 잘 활용할 수 있어야 면접에서 좋은 결과를 얻을 수 있다.

일반적으로 자기소개에 포함되는 내용은 가족사항과 대학생활, 성격상의 장·단점 및 지원 동기, 미래의 계획 등이다. 이 중에서 자신이 부각시키고 싶은 내용이 좀더 많은 부분을 차지하도록 우선순위를 정해두는 것이 좋다.

'자격증을 취득하지 못했다'거나 '영어 실력이 부족하다'는 등 자신의 부족한 점을 지적하는 질문이라고 해도 위축될 필요는 없다. 구체적인 보완책을 설득력 있게 제시해 '앞으로의 가능성에 대한 기대'를 충족시킬 수 있다면 약점을 강점으로 바꾸는 것도 가능하다.

성격상 장·단점을 얘기할 때는 어설프게 명랑함·적극성·진취성 등을 장점으로 내세우는 것보다 구체적인 사례를 하나씩 들어 말하는 것이 좋다. 또한 자신의 단점은 솔직하게 밝히고 단점을 극복하려는 노력과 앞으로의 계발계획을 밝혀준다.

④ 응답은 논리적으로

면접관의 질문이 끝나면 잠깐 여유를 가지고 생각을 정리한 후 또박또박 명료하게 대답한다. 응답 시 무엇보다 중요한 것은 '필요한 사람' 이라는 느낌을 면접관에게 줄 수 있어야 한다는 것이다. 이를 위해서는 자신의 이야기를 논리 정연하고 설득력 있게 제시할 수 있어야 하며, 말하고자 하는 바가 명확하게 전달될 수 있도록 간결하게 얘기를 이끌어 가야 한다.

6. 영어면접

최근 공무원 면접에도 영어면접이 강화되었다. 이는 국제사회에 발맞추려는 정부의 의지가 반영된 것이라 할 수 있다. 우리나라의 100대 기업 과반수 이상이 영어면접을 실시하고 있으며, 이는 글로벌 시대를 맞이하여 외국어 특히 영어실력을 중요시하는 기업들이 점점 늘어나고 있음을 반영한다.

영어면접에는 외국인이 면접관이 되어 평가하는 경우와 우리나라 면접관이 평가하는 경우, 그리고 내·외국인에 의

한 면접 등으로 구분할 수 있다. 영어면접의 종류도 일반면접과 같이 개별면접, 집단면접, 집단토의식 면접이 있다.

영어면접은 우리와는 생활습관, 문화, 사고방식이 다른 외국인에 의해 평가되는 것이기 때문에 그들의 에티켓, 독특한 언어표현 등을 알아두어야 한다. 개인면접의 경우는 인사로써 손을 내밀기도 하는데, 이때에는 악수를 하되 한국식으로 허리를 굽히거나 머리를 깊이 숙여 인사할 필요는 없다. 똑바로 서서 상대방의 눈을 바라보아야 하며 손에 힘이 있어야 한다.

영어면접시에도 면접관이 자리에 앉으라고 권하기 전까지는 기다리고, 대답 시에는 질문의 의도에 정확하고 분명하게 대답하는 것이 중요하다. 특히 외국인이 면접관일 때는 지나친 겸손을 보이지 않는 것이 좋다. 겸손함을 표현하기 위해 자신을 낮추거나 장점을 조심스럽게 표현하는 것은 결코 좋은 방법이 아니다.

외국에서는 자기의 장점과 재능을 적극적으로 표현하는 것이 자연스러운 태도이며, 직접적이고 간결한 표현을 선호하

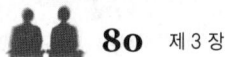

기 때문이다. 특히 외국인 회사를 지원하는 응시자는 이 점을
염두에 두어야 한다.

(1) 영어인터뷰 준비

영어면접을 실시하기 전에 예상되는 질문에 대한 답변을
미리 준비한다. 예상질문을 만들고 거울 앞에서 표정이나 자
세 등을 관찰하며, 녹음 테이프 등으로 정확한 발음, 또렷한
억양으로 대답하도록 수시로 연습해 두면 도움이 된다.

예상질문에는 제출한 이력서와 자기소개서를 기초로 특히
자신의 경력이나 학력 등에 간략하게 대답할 수 있도록 준비
해야 한다. 한글로 된 자기소개서를 즉석에서 영문으로 번역
해 보라고 하기도 한다. 따라서 한글로 작성된 자기소개서를
영문으로 옮겨보고 막히는 부분이 없도록 연습을 해 두는 것
이 좋다.

(2) 매끄러운 영어인터뷰 요령

① 인사말을 윤활유처럼 사용하자

외국에서는 대화 중에 감정의 솔직한 표현들을 중요시한다. 이는 기본 예절이며 대화에 진지한가의 표현으로 생각하기 때문이다. 대화 중에는 사소한 것에도 "Thank you.", "I'm sorry.", "Excuse me." 같은 말들을 해주는 것이 좋다.

다음과 같은 표현들을 평소에 익혀두어 상황에 따라 자연스럽게 쓸 수 있어야 한다.

○ 감사에 대한 표현

Thank you very much.

How kind of you to say so!

It's very considerate of you to do so.

○ 실수나 사과에 대한 표현

Excuse me.

I beg your pardon.

I am sorry.

상대방의 감사에 대한 응답

It's my pleasure.

You are (quite) welcome.

It's nothing at all.

Not at all.

Don't mention it.

면접이 끝났을 때

That's just right.

I agree with you.

Yes, I think so too.

상대방의 의견에 대한 동의

Thank you for your time.

It's been a pleasure talking with you.

It's been very nice to talk with you.

I've enjoyed talking with you.

Q 가부동수인 경우 의장이 던지는 결재투표를 무엇이라 하는가?

Thank you very much.

I'm looking for to hearing from you soon.

I hope to hear from you soon.

② 자신감이 중요하다

영어인터뷰에는 응시자들의 자신감(confidence)이 알게 모르게 아주 중요하게 평가된다. 영어면접을 주관한 담당자들에 따르면 최근 응시자들의 평균 영어실력이 많이 향상되어 대부분 대동소이하다고 한다. 이 때문에 영어를 사용하는 업무능력 평가와 아울러 응시자들 중 힘들어도 중도에 포기하지 않고 끈기 있고 성의 있는 답변을 한 사람을 우선적으로 합격시킨다고 한다.

③ 요점을 메모하라

예상질문을 만들고 그에 따른 답변을 준비하는 것은 중요한 일이지만, 응시자가 예상질문에만 의존하게 되면 질문이 조금만 달라져도 금방 당황한다고 한다.

전문가들은 자기소개를 위한 요점을 메모에 적어 인터뷰 시 펼쳐 놓고 면접에 임하라고 충고한다. 그런 자세를 외국인들은 오히려 준비를 많이 했다는 의미에서 긍정적으로 평가한다고 한다.

④ 질문의도를 정확히 파악하라

면접관의 질문을 제대로 알아듣지 못했거나, 그 의도를 제대로 파악하지 못했다면 곧바로 다시 물어야 한다. 자신이 지레 짐작해서 답변하는 것보다는 답변이 좀 늦어도 정확하게 답변하려는 자세를 면접관들은 선호한다. 또한 즉시 만족스러운 답변을 하기가 힘들거나 긴대답을 요하는 질문을 받을 경우에는 우선 문장의 첫 부분 정도라도 꺼내놓고 이어나갈 대답을 속으로 생각하는 것이 바람직하다.

"It's difficult to explain briefly~ but", 또는 "It's hard to define in a word, ~" 등 다음 말을 생각할 때 이런 표현들을 쓴다면 면접관도 기다림이 그리 지루하지 않을 것이다.

Q 핀치 히터(pinch hitter)란?

반복 질문을 부탁하는 말로는 다음과 같은 표현들이 있다.

○ 짧은 문장을 놓쳤을 때

I beg your pardon, sir? Pardon me?

Beg your pardon, sir?

Pardon, ma' am?

○ 보통 길이의 질문을 놓쳤을 때

Could you say that again?

I didn' t quite catch what you said, sir.

Would you repeat the question, please?

○ 긴 문장을 놓쳤을 때

I am sorry, I didn' t hear you.

Sorry, I couldn' t follow you.

○ 다시 설명해 주었는데도 놓쳤을 때

Sorry, I still don' t get it.

I am not sure that I understand you.

A 야구에서의 대타자

I am sorry, but would you say that again, please?

질문의 의도를 잘 모를 때

I am afraid I didn't understand your question.

I missed the point. Would you say it again?

좀 더 자세한 설명이 필요할 때

Will you please be more specific?

Please explain it more concretely.

⑤ 대답은 정중하게 하라

면접관의 질문에 대한 대답은 질문이 비록 짧더라도 Yes
나 No만으로 너무 간단하게 끝내는 것보다 "Yes, I do." 또
는 "No, I don't."와 같이 완전한 문장을 갖춰 대답하는 것
이 바람직하다.

예를 들면 What would you do, if ~ ?(만일 ~인 경우에
는 어떻게 하시겠습니까?)로 물을 때의 대답은 "I would ~"
로 시작해야 한다.

(3) 영어면접의 실제(Q&A)

> **Q** : a personnel manager(면접관)
>
> **A** : a job applicant(응시자)

Q Good morning. Mr. Kim. I'm Mr. Brown.
문 안녕하십니까? 미스터 김. 나는 브라운입니다.

A Good morning, Mr. Brown. Pleased to meet you.
문 안녕하십니까? 미스터 브라운 씨. 만나서 반갑습니다.

Q Please be seated.
문 앉으시죠.

A Thank you, sir.
답 감사합니다.

Q Do you mind if I ask you some point-blank question?
문 단도직입적으로 몇 가지 질문을 해도 되겠습니까?

A Not at all.
답 예, 괜찮습니다.

Q Name and application number, please.

A 종묘제례악

문 이름과 응시번호를 말씀해주십시오.

A Number 100, my name is Kim In-ho.

답 100번 김인호입니다.

Q Would you tell me a little bit about yourself, please.

문 자기소개를 좀 해주시겠습니까?

A I live in Togndaemun. I was born in Taegu in 1985. I'm a student of ○ ○ University. I have majored in public administration. I like traveling very much and enjoy sports. I belongs to literature club of my school.

답 저는 동대문에 살고 있으며 1985년 대구에서 태어났고, 현재 ○○대학교에서 행정학을 전공하고 있습니다. 저는 여행 다니는 것을 무척 좋아하고 운동도 즐깁니다.

Q When were you born?

문 언제 태어났습니까?

A I was born in September 8, 1985.

답 1985년 9월 8일입니다.

Q What is your present address?

문 현주소는 어떻게 됩니까?

Q 우리나라 국보 제1호는?

A 60 Jegi-dong, Dongdaemun-gu, Seoul.

답 서울특별시 동대문구 제기동 60번지입니다.

Q What schools have you attevded?

문 학력에 대해 말씀해주시겠습니까?

A I finished Seoul ○ ○ Primary School in February 1998, and entered ○ ○ Junior High School March of the same year. After graduating from my middle school I entered ○ ○ High School in March 2001. When I finished 3-year course of my high school in February 2004, I entered ○ ○ University, where I am still in.

답 1998년 2월에 서울 ○○초등학교를 졸업하고, 같은 해 3월에 ○○중학교에 입학하였습니다. 중학교를 졸업한 후 2001년 3월에 ○○○고등학교에 입학하였습니다. 2004년 2월에 고등학교 3년 과정을 마치고 ○○대학교에 입학해서 지금에 이르고 있습니다.

Q How many are there in your family?

문 가족은 몇 명입니까?

A There are seven of us including me.

답 저를 포함해서 7명입니다.

Q What is your brother' s occupation?

A 남대문(숭례문)

문 형의 직업은 무엇이죠?

A My brother's in the army. He was just promoted to the rank of majo.

답 형은 직업군인입니다. 이제 막 소령으로 진급했습니다.

Q What kind of hobbies do you have?

문 어떤 취미를 갖고 있습니까?

A I enjoy sports, and I like music very much.

답 저는 스포츠를 좋아하며 음악도 무척 좋아합니다.

Q What kind of sports do you like? And do you watch, or play?

문 어떤 스포츠를 좋아하죠? 보는 편입니까 아니면 직접 하기도 합니까?

A I like watching and playing both. And I enjoy almost all sports, but I especially like swimming and tennis.

답 보는 것과 직접 하는 것을 다 같이 즐깁니다. 그리고 스포츠라면 모두 좋아합니다. 특히 수영과 테니스를 좋아합니다.

Q What were your favorite subjects in your high school days?

Q 우리나라의 현행 회계 연도는?

문 고등학교 재학 시 가장 좋아했던 과목은 무엇입니까?

A World history. I liked learning about how the world had been changing before I was born. And I was particularly interested in the historical backgrounds of the world then.

답 세계사였습니다. 제가 태어나기 이전의 세계는 과연 어떻게 변천해왔는가, 그리고 특히 세계 각 국의 역사적 배경은 어떠한가에 매우 관심이 많았습니다.

Q Did you have teacher who impressed you very strongly?

문 특별히 기억에 남는 선생님이 계십니까?

A Yes, in high school I had a teacher named Mr. Park. He introduced to me Herman Hesse's book. 「Narcissus und Goldmund」 and I was deeply impressed by that books.

답 예, 고등학교 때 박 선생님이라고 한 분 계셨습니다. 그 선생님께서 저에게 헤르만 헤세의 《저와 사랑》이라는 책을 소개해 주셨는데, 저는 그 책을 읽고 큰 감명을 받았습니다.

Q Did you have any part-time jobs during college?

문 학교 다닐 때 아르바이트를 한 경험이 있습니까?

A 1월 1일부터 12월 31일까지

A Yes, every year during winter vacation I worked as a delivery boy of a department store.

답 예, 매년 겨울방학이면 백화점에서 물품배달을 했습니다.

Q What did you do with the money you earned?

문 아르바이트를 해서 번 돈으로 무엇을 했습니까?

A I spent most of it on making travel.

답 대부분 여행을 하는 데 썼습니다.

Q What did you find important in campus life?

문 대학생활에서 중요하다고 느낀 것은 무엇입니까?

A Social activities most of all.

답 무엇보다 사회활동입니다.

Q Would you say you have a lot of friends of just a few?

문 당신은 친구가 많은 편입니까?

A Not so many, but not really just a few, either, I suppose. There are about five people that I see quite a bit of now.

답 많지는 않지만 그렇다고 적은 편은 아닙니다. 지금은 다섯 명 정도의 친구들과 자주 만나고 있습니다.

Q Were you involved in any club activities at your

Q 영국 헌정상의 3대 성서는?

university? And if you were what did you learn from them?

문 대학시절에 클럽활동을 한 적이 있습니까? 있다면 그 곳에서 무엇을 배웠나요?

A I was in a singing club. We put on quite a few concerts, and I learned a great deal about the importance of teamwork. That was a good experience.

답 합창단에 있었습니다. 합창공연도 많이 했었고, 팀웍의 중요성도 배웠습니다. 좋은 경험이었다고 생각합니다.

Q What kind of personality do you think you have?

문 당신은 자신을 어떤 성격의 소유자라고 생각합니까?

A Well, I approach things with enthusiasm and energy, I think, and I don't like anything half done. It makes me nervous—I can't concentrate on anything else until the first thing is completed.

답 예, 저는 매사에 적극적인 성격이라고 생각합니다. 또 저는 일을 하다가 중간에 그만두는 것을 싫어합니다. 중도에 일을 그만두게 되면 거기에 신경이 쓰여서 견딜 수가 없습니다. 그래서 저는 하고 있던 일을 마저 하지 않고서는 다른 일에 신경을 쓰지 않습니다.

Q What was your basic principles applied to your life?

A 권리청원 · 권리장전 · 대헌장

문 당신의 생활신조는 무엇입니까?

A Never put off till tomorrow what I can do today. Putting things off only makes it worse later, so even if it seems hard to do, at the beginning, I try to get it done and never let it go.

답 오늘 해야 할 일을 절대 내일로 미루지 않는 것입니다. 해야 될 일을 미루게 되면 나중에는 그 일을 하기가 더욱 힘든 것 같습니다. 그래서 처음에는 조금 어려운 것 같지만 미루지 않고 그때그때 바로 하려고 노력하고 있습니다.

Q What would you say are some of your faults and strong points?

문 자신의 장점과 단점은 무엇이라고 생각합니까?

A Well, I'm afraid I'm a poor talker, and that isn't very good, so I have been studying how to speak in public. I suppose a strong point is that I like developing new things and ideas.

답 예, 저는 말주변이 없는 것이 단점입니다. 그래서 그러면 안되겠기에 여러 사람 앞에서 이야기하는 방법을 배우고 있습니다. 제 장점이라면 새로운 물건이나 아이디어를 개발하는 것이라 생각합니다.

Q 민주정치의 3대 원리는?

Q Can you name one person that you respect very much?

문 당신이 가장 존경하는 사람을 말해주시겠어요?

A Dr. Martin Luther King. He impressed me as a man with a great deal of love for mankind, and I like the way he worked for Black liberation and equality sermon. His for the black people "I have a dream." sermon has had a strong influence on me. I enjoy listening to that tape over again.

답 마틴 루터 킹 목사입니다. 저는 그 분의 인간에 대한 뜨거운 사랑과 또한 흑인의 해방과 평등을 위해 끊임없이 투쟁한 모습에서 큰 감명을 받았습니다. 목사님의 "나에게는 꿈이 있습니다"라는 연설은 제게 큰 감명을 주었습니다. 지금도 녹음 테이프로 그 연설을 자주 듣곤 합니다.

Q Do you subscribe to any paper?

문 정기 구독하는 신문이 있습니까?

A I have subscription to two newspapers. One is put out in the morning and the other is published in the afternoon.

답 저는 두 가지 신문을 보고 있습니다. 하나는 조간, 다른 하나는 석간입니다.

A 입헌정치 · 국민자치 · 권력분립

Q What sort of your blood type is?

문 당신의 혈액형은 무엇입니까?

A My blood is an O blood group.

답 O형입니다.

Q Do you have any licenses or other special qualifications?

문 면허증이나 특별한 자격증이 있습니까?

A I have a driver's license and a simultaneous interpreter's license.

답 예, 운전면허와 동시통역 자격증이 있습니다.

Q Thank you. I really enjoyed talking with you. Good-bye.

문 감사합니다. 즐거운 대화였습니다. 안녕히 가십시오.

A Thank you for you time. Good-bye.

답 시간을 할애해 주셔서 감사합니다. 안녕히 계십시오.

Q 우리나라 단군신화가 기록된 역사책은?

영어인터뷰 성공 10계명

영어면접에서는 응시자의 태도, 영어구사 능력, 제스추어, 표현력, 어휘력, 발음, 명확성, 순발력, 소리의 크기 등을 평가하게 되는데 영어인터뷰 준비 시 다음과 같은 사항을 체크하며 연습하면 큰 도움이 될 것이다.

1. 영어문화권의 독특한 사고방식, 습관, 에티켓 등을 숙지하라.

2. 지원기업이나 직종에서 많이 쓰는 영어단어를 외워둬라.

3. 예상 문제를 뽑아 거울 앞에서 녹음하며 연습하라.

4. 질문을 끝까지 잘 듣고 질문요지가 무엇인지 정확히 파악하라.

5. 질문이 끝나면 시간을 끌지 말고 즉시 대답하라.

6. 외어서 대답하는 느낌이 들지 않도록 자연스럽게 대답하라.

7. 자신감 있게 또렷한 발음으로 대답하라.

8. 공손하고 정확한 영어표현으로 대답하라.

9. 한국어로 말하는 일이 절대 없도록 하라.

10. 당황스러운 질문이라도 끝까지 성의 있게 답변하라.

7. 기출 문제로 준비하는 공무원 면접

공무원 면접은 5개 항목으로 이루어져 있다. 각 항목별 기출 문제를 통하여 자신이 희망하는 직종, 직렬에 알맞게 최종 점검하는 것이 성공의 지름길이라 생각한다. 따라서 자신만의 정답을 정리해서 숨김없이 자신을 소개하는 장으로 이끌어 가기를 간절히 바란다.

① 공무원으로서의 정신자세

- 직업인으로서 성공하는 데 가장 중요하다고 생각되는 점은?
- 공무원 노조에 대해 어떻게 생각합니까?
- 공무원이 되겠다고 마음먹은 것은 언제부터이며, 어떤 동기에 의해서 입니까?
- 공무원 외에 다른 회사에 지망한 적이 있습니까?
- 공무원이 되기 위해서 특별히 노력한 것이 있습니까?
- 공무원의 의무에는 어떤 것이 있는가?

- 공무원의 책임에는 어떤 것이 있는가?

- 민원담당 공무원의 기본요건을 들어 보시오.

- 공무원은 국민의 대표인지 아닌지 말해 보시오.

- ○○시 공무원이 되면 어떤 각오로 일하겠습니까?

- ○○시, ○○도 지방공무원을 지원한 동기는 무엇입니까?

- ○○시, ○○도를 상징하는 나무는 무엇입니까?

- ○○시, ○○도를 상징하는 꽃은 무엇이죠?

- ○○시, ○○도를 상징하는 새는 무엇이죠?

- ○○시, ○○도의 인구를 말하시오.

- 응시 전에 직업이 있었는지요?

- 공무원이 가장 중요하게 생각해야 할 인물은 무엇입니까?

- 공무원 징계의 종류에는 어떤 것이 있나요?

- 행정관청이란 무엇인지 말해 보시오.

- 민원사무처리규정에서 즉시라 하는 것은 무엇입니까?

- 공직 생활과 개인 생활 중 어느 것이 더 중요하다고 생각합니까?

② 전문지식과 그 응용능력

• 국가의 3요소는 무엇입니까?

• SALT를 설명하시오.

• 실학이란 무엇인지 말해 보시오.

• 거래의 종류에는 어떤 것이 있습니까?

• 손익계산서를 말해보시오.

• 물가가 오를 때 기업에 유리한 재고자산 평가방법은?

• 손익법에 따른 순이익의 계산법을 말하시오.

• 백서(白書)란 무엇입니까?

• 우리나라의 영해는 몇 해리입니까?

• GNP를 말하시오.

• IBRD란 무슨 뜻인가요?

• 사회간접자본에는 어떤 것이 있지요?

• 타산지석(他山之石)은 무엇을 말하는가요?

• 준예산을 설명하시오.

• OPEC란 무엇인가요?

• 우리나라에서 선거권이 인정되는 연령은 몇 세입니까?

Q 유네스코가 지정한 남·북한 생물보전지역을 3개 이상 적어라.

- 냉전(cold war)이란 말을 처음 쓴 사람은 누구입니까?

- 베세토 라인이란 어느 도시들을 말합니까?

- 우리나라의 수출자유지역을 들어보시오.

- 실리콘 벨리(silican vally)란 무엇인가요?

- PLO란 무엇이죠?

- 동양화에서 4군자는 무엇입니까?

- 올림픽 개최지를 선정하는 기관은 어디인가요?

- 그레코로만형을 말해 보시오.

- 부재자투표에서 부재자란 어떤 사람인가요?

- 도산 안창호 선생이 주장한 4대 정신은 무엇인가요?

- 마하(Mach)란 무엇을 기준으로 한 단위인가요?

- 부가가치란 무슨 뜻입니까?

- 감가상각계산법의 종류를 들어보시오.

- 자본등식이란 무엇입니까?

- 기술개척비와 대손상각은 무슨 계정에 속합니까?

- 행정학의 근원은 무엇입니까?

- 인플레이션이란 무엇이죠?

A 설악산(1982년), 백두산(1989년), 제주도(2002년), 구월산(2004)

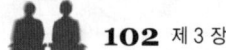

- 권토중래, 절차탁마를 한자로 쓰고 뜻을 설명하시오.

- 한국은행의 업무는 무엇이죠?

- 관세란 무엇입니까?

- 세종대왕 때 만들어진 과학기구를 말하시오.

- 행정법이란 무엇인가요?

- 그린벨트를 설명해 보시오.

- 전관수역을 말해 보시오.

- 아그레망이란 무엇인가요?

- AIDS란 무엇이죠?

- 고소(告訴)와 고발(告發)은 어떻게 다른가요?

- 구속적부심제도란 어떤 것인가요?

- 구인장(拘引狀)이란 무엇인가요?

- 묵비권(默秘權)이란 무엇인지 말해 보시오.

- 알리바이(alibi)란 무슨 뜻입니까?

- 변호인 접견권이란 무엇입니까?

- 범죄의 성립요건은?

- 형사책임무능력자란?

- 긴급구속(緊扱拘束)이란?

- 경찰의 목적을 달성하기 위한 수단은?

- 법치국가에서 경찰권의 발동근거로서 기초가 되는 것은?

- 환경권이란 무엇인지요?

- 공해(公害)에 대하여 설명하시오.

- 가족계획에 대하여 설명하시오.

- 법정전염병에는 어떤 것이 있나요?

- 환경관리에 대하여 설명하시오.

- 환경권을 말해 보시오.

- 수질오염을 말해 보시오.

- 납중독에 관해 말해 보시오.

- 논픽션(non-fiction)이란 무엇입니까?

- 르네상스(Renaissance)에 대하여 설명하시오.

- 엥겔 계수란 무엇이죠?

- 북한의 4대 군사 노선을 말해보시오.

- 임진왜란의 3대첩은 무엇이죠?

- 금오신화의 지은이는 누구입니까?

A 훈민정음 · 조선왕조실록 · 직지심체요절 · 승정원 일기

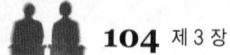

• 노동3권을 말해 보시오.

③ 의사발표의 정확성과 논리성

• 노사분규에 대한 견해를 말해보시오.

• 온라인 시스템에 대해 말해보시오.

• OA(사무자동화)에 대해 말해보시오.

• PR에 대해 말해보시오.

• 삼강오륜(三綱五倫)은 무엇을 말합니까?

• 플라톤의 4주덕이란 무엇입니까?

• 홍익인간이란 무엇인가요?

• 조의를 표하는 국기 게양시 국기와 깃봉의 사이는 어떻게 하나요?

• 국민정신교육 9대 덕목을 들어보시오.

• 경제주체에는 어떤 것이 있나요?

• 고려가요의 종류를 말해 보시오.

• 정약용의 대표적 저서 3가지만 들어보시오.

• 국립공원을 아는 대로 말해 보시오.

Q 유네스코에 세계무형유산으로 등록된 우리나라 문화재는?

- [일사부재리]를 한자로 쓰시오.

- 본인의 현주소를 한자로 쓰시오.

- 우리나라 최초의 공립학교는 무엇입니까?

- 우리나라 최초의 한글 소설은 무엇입니까?

- 셰익스피어의 4대 비극을 말해 보시오.

- 강강술래의 유래를 말하시오.

- 2006년 올림픽은 어디에서 개최되나요?

④ 용모, 예의, 품행 및 성실성

- 자기를 소개를 하고 가족사항을 말하시오.

- 자신의 장·단점을 말하시오.

- 제대 후 무슨 일을 했습니까?

- 공직 생활과 개인 생활 중 어느 것이 더 중요하다고 생각합니까?

- 총무처를 한문으로 써보시오.

- 좀더 나은 직장이 있다면 근무 중에라도 옮길 의향이 있나요?

A 종묘제례 및 종묘제례악 · 판소리

- 장남이 아니더라도 부모님을 모실 수 있겠는지요?

- 가장 존경하는 인물은 누구입니까?

- 오륜기는 무엇을 상징합니까?

- 취미와 특기를 말하시오.

- 생년월일과 주민등록번호를 말하시오.

- 본적 · 현주소 · 이름을 한자로 쓰시오.

- 감명 깊게 읽은 책이 있습니까, 내용을 말해 주세요.

- 봉사에 대해 어떻게 생각하십니까?

- 좌우명이 있다면 말씀해 보십시오.

- 자신의 인생 지표가 되는 사람이 있다면, 그 이유는 무엇입니까?

- 즐겨하는 스포츠가 있다면 어떤 것입니까?

⑤ 창의력, 의지력, 기타 발전가능성(최근 발표한 영어 면접 강화는 이 부문에 해당된다.)

- 10년 후 본인의 미래를 이야기해 보시오.

- 아르바이트를 한 경험이 있습니까?

Q 라틴어로 '편재하다'라는 의미로 모든 곳에 존재하는 네트워크를 뜻하는 것은?

- 시민의 편의와 주5일 근무에 대해 말해보시오.

- 자기계발을 위해 더 투자하고 싶은 부분이 있습니까?

- 오늘 일간지에 난 기사 중 가장 인상에 남는 것은 무엇입니까?

- 가장 최근에 본 영화가 있다면, 보고 난 소감은?

- 보수적인 업무관행에 대해 어떻게 생각하십니까?

- 여성과 일에 대한 당신의 사견은?

- 5분 안에 자신을 소개하시오.(영어 소개도 준비)

- 살아오면서 가장 기뻤던 경우와 가장 슬펐던 경우에 대해 말씀해 주십시오.

- 자신에게 있어 가장 소중한 것은 무엇입니까?(유형, 무형의 각각 1가지씩)

- 타인을 통한 본인의 평가는 어떻다고 생각하십니까?

- 당신은 전통 찻집과 화려한 커피숍 중 어떤 스타일입니까?

- 휴가 일정이 상사와 겹쳤습니다. 한 사람만 갈 수 있다면 당신은 어떻게 하시겠습니까?

- 영어로 답하시오.(나이는? 어느 나라에서 왔느냐? 지금

A 유비쿼터스(Ubiquitous)

몇 시입니까?)

• [지금 몇시입니까?]를 영어로 말해보시오.

• [나뿐 아니라 내 동생도 수영을 할 줄 안다]를 영역하면?

• [여름이 와 있다]를 영역하시오.

• 공무원을 영어로 무엇이라고 하나요?

• [중앙청으로 가는 길을 가르쳐 주십시오]를 영어로 말하
시오.

• [take A into account]의 뜻을 말해 보시오.

• UFO는 무엇의 약자인가요?

• [repeat]의 명사형을 말하시오.

8. 공무원 면접시 자주 출제되는 핵심포인트

공익관

• 자신이 생각하는 바람직한 공무원상을 말해보시오.

• 민원 담당 공무원의 기본요건은 무엇이라고 생각합니
까?

- 국민이 공무원에게 요구하는 것이 무엇이라고 생각하는가?

- 공무원이 되고자 하는 이유는 무엇입니까?

- 공익과 사익의 관계를 어떻게 봅니까?

- 공무원은 민간기업체 사원과 어떤 면에서 다릅니까?

- 공직자로서 갖추어야 할 덕목을 말해보시오.

- 헌법에 "공무원은 국민 전체에 대한 봉사자"라고 명시되어 있는데 그 의미는 무엇이라 생각합니까?

- 공무원의 전문성 제고방안에 대한 견해를 말해보시오.

- 공무원의 의무에 대해 아는 대로 답해보시오.

윤리관

- 공무원에게 특히 강조되어지는 공직자 윤리는 무엇입니까?

- 공직사회의 부정 · 비리 원인과 그 대책 방향에 대해 말해보시오.

- 우리 사회가 도덕성을 상실했다고 하는데 그 원인을 말

A EPR제도(Extended Producer Responsibility = 생산자책임재활용제도)

해보시오.

- 사회의 윤리 확립과 도덕성 회복을 위한 지름길은 무엇입니까?

- 우리가 유지·계승해야 할 전통윤리에는 어떤 것이 있습니까?

국가관

- 역사왜곡과 독도문제를 어떤 시각에서 바라봅니까?

- 북핵문제에 관한 정부대응에 대해 어떤 견해를 갖고 있습니까?

- 정책 결정 과정에서의 시민 참여방안을 어떻게 생각합니까?

- 중앙정부와 지방자치단체간의 효율적 갈등 관리방안을 말해보시오.

- 오늘날 가장 시급히 해결해야 할 사회적 문제는 무엇입니까?

- 우리나라의 국정지표는 무엇입니까?

Q 휴대전화나 차량용 단말기를 통해 이동 중에도 방송을 볼 수 있는 뉴미디어는?

- 국가 발전을 위하여 공무원으로 자신이 할 수 있는 일은 무엇입니까?
- 국가 경쟁력 향상을 위한 공공부문의 경쟁력 제고방안은 무엇이라 생각합니까?
- 통일을 위해 가장 시급히 해결해야 할 문제와 이유를 설명하시오.
- 일본과 중국 사이에서 얻을 수 있는 이익은 무엇이라 생각합니까?

공무원 면접이라고 해서 공무원과 관련된 문제만 출제되는 건 결코 아니다. 자기 소개를 비롯해 가족사항이나 학창 생활, 미래의 포부 등도 빠짐없이 출제된다. 일반기업체 면접에 못지 않게 철저히 준비해야 한다는 것을 꼭 기억하도록 하자.

A 위성 DMB

공무원 면접시험에 자주 출제되는 문제 50선

1. 바람직한 공무원상은?

2. 존경하는 스승이 있는가?

3. 개인과 국가의 관계는?

4. 자신의 공직관은?

5. 가장 친한 친구는?

6. 자격증을 갖고 있는가?

7. 자신의 특기는?

8. 가족 관계는?

9. 아버지의 직업은?

10. 가훈(어버이의 가르치심)은?

11. 이 직종을 지망한 이유는?

12. 공무원을 지망한 이유는?

13. 가장 감명 깊게 읽은 책은?

14. 최종학교 교장(총장)의 이름은?

15. 교훈(급훈)은?

16. 조부 · 조모의 성함은?

Q 저자가 제공하는 의견과 논평, 하이퍼링크를 포함한 온라인 개인 저널이 있는 웹사이트는?

17. 학교 때 서클 활동은?

18. 기억에 남는 여행은?

19. 참여한 데모와 그 이슈는?

20. 현주소를 한자로 쓰면?

21. 성격의 장 · 단점은?

22. 취미(스포츠)는?

23. 인생관 · 사회관 · 이성관은?

24. 건강(입원 경력)은?

25. 좌우명은?

26. 선거의 종류는?

27. 헌법 제1조는?

28. 대통령의 임기(국회의원 임기)는?

29. 국회 기능 중 세 가지만 열거하시오.

30. 행자부 장관 이름은?

31. ○○시(도)의 인구는?

32. 국민의 4대 의무는?

33. 지방자치단체의 종류는?

34. 내각책임제란?

35. 6자회담이란?

36. GNP란?

37. OECD란?

38. 조선시대의 삼정이란?

39. 갑오경장이란?

40. 고려시대의 토지제도는?

41. 우리나라의 국민소득은?

42. 우리나라의 행정부는 몇 부 몇 청인가?

43. 다음을 영어로 말하라.

"시청은 오른쪽으로 갑니다."

44. 다음을 한자로 쓰고 뜻을 말하라.

㉠ 가렴주구   ㉡ 각골난망   ㉢ 온고지신   ㉣ 청렴결백
㉤ 타산지석   ㉥ 토사구팽

45. 컴퓨터를 유지하는 2대 요소는?

46. 다음은 무엇의 약자인가?

㉠ AIDS   ㉡ CDMA   ㉢ IMT2000   ㉣ WWW

47. 데이터 표현의 최소단위는?

48. WTO란?

49. 신지식인이란?

50. 자기 소개를 영어로 하면?

Q 우리나라 보물 제2호는?

공무원 면접시험의 핵심포인트

> 면접시험은 필기시험처럼 정답이 존재하는 것이 아니다.
> 문제보다는 그 이외의 상황인 마음가짐과 용모, 태도 등에 점수가 주어진다는 사실을 잊지 말아야 한다.

핵심포인트 1   지망동기가 분명한가?

지망동기는 공무원으로서의 정신자세를 체크하는 것이다. 따라서 답변이 분명하지 않으면 공무원이 되려는 지망동기를 의심받게 된다. 응시자의 직업관이나 의욕 포인트로서 매우 중요하므로 반드시 출제되는 핵심 질문이다. 자신감 있는 대답이 나오도록 미리 답안을 작성해 거울 앞이나 가족 앞에서 연습해 보도록 한다.

핵심포인트 2   폭넓은 대인관계를 형성하고 있는가?

친구를 보면 그 사람의 인격을 알 수 있다고 한다. "친구가 몇이나 됩니까?"라는 질문은 친구관계를 통해 응시자의 대인관계를 알아보려고 한다. 평소에 자기관리를 잘 하는 것이

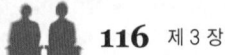

무엇보다 중요하다.

핵심포인트 3   적극성과 협동심이 보이는가?

물음에 대한 답변 내용도 중요하지만 면접위원은 응답자의 언행과 태도에 더 많은 비중을 둔다고 한다. 적극성 있는 태도로 서로에게 호감을 줄 수 있는 대화법을 구사하는 것이 좋다.

핵심포인트 4   논리적인 사고력의 소유자인가?

"애독하고 있는 책은 무엇입니까?"라는 질문은 지적 생활을 추상하고자 하는 목적 외에 정말로 애독하는 책이 있나 없나를 앎으로 해서 논리적인 사고력을 판단코자 하는 것이다. 이러한 질문은 공무원으로서 의사발표의 정확성과 논리성을 체크한다.

핵심포인트 5   기민한 판단력의 소유자인가?

"스포츠를 좋아하십니까?"라는 질문은 그 사람의 의협심,

목적의식과 판단력의 존재 여부를 확인하기 위한 질문이다. 또한 스포츠를 즐긴다는 것은 그 사람의 기민성, 임기응변과 결단력이 있는가의 여부를 시험하는 것이다. 농담처럼 보이는 질문에서 태도나 시선의 동태 등 심리적인 것에 예의 주시한다는 것을 알아야 한다. 따라서 질문의 요지를 잘 이해하고 숙고해서 정중한 대답을 해야할 것이다.

핵심포인트 6 명랑하고 쾌활한 성격의 소유자인가?

"당신의 장·단점을 말해 보시오."는 공무원 면접에 있어서 대표적인 질문 중 하나이다. 면접위원은 적극성과 협동심 외에 응답자의 성격상 설대성을 판난하고자 한다.

핵심포인트 7 학교생활을 충실하게 했는가?

학교생활에서 성적은 부수적인 것이다. 학창시절을 어떻게 보냈는가에 초점이 맞춰져 있다. 성적은 그다지 좋은 편이 못되지만 이것에 대해서만큼은 자신 있다는 자기 나름대

로의 '그 무엇' 을 갖고 있어야 하겠다.

핵심포인트 8 건전한 가정생활을 해왔는가?

가족 구성원들과 어떤 생활을 해 왔으며 양친에게서는 어떤 훈육(訓育)을 받아 왔는가가 관심사이다. 양친을 비롯해 가정을 소중히 여기면서도 자기가 소속되어야 할 사회에서 자력으로 최대한의 삶을 향유할 수 있는 사람을 사회가 진정으로 요구하고 있다. 공무원으로서의 의지력, 품행, 성실성을 체크하는 핵심이 된다.

핵심포인트 9 구체적인 직업관을 가지고 있는가?

"어떤 직무에서 일하고자 합니까?", "어떤 일을 하고 싶습니까?"라는 질문은 구체적으로 일, 즉 직업 적성에 대해 어느 정도의 관심과 자신감이 있나를 알고자 하는 것이다. 공무원으로서의 정신자세가 돋보일 수 있는 질문이므로 예비 답안을 평소에 준비해 두자.

Q 우리나라 최초의 다목적 실용위성은?

제4장 자기소개서와 이력서 작성요령

자기소개서는 이력서와 함께 채용을 결정하는 데 있어 가장 기초적인 자료이다. 이력서가 개개인의 성장과정과 경력사항 등을 개괄적으로 이해할 수 있는 자료라면, 자기소개서는 한 개인을 보다 깊이 이해할 수 있는 종합적이고 구체적인 자료로 활용된다.

자기소개서는 개인이 제출하는 공문서이다. 따라서 자신의 인생을 좌우하는 서류라고 해도 과언이 아니다. 스스로의 인생에 좀 더 진지해지자. 대부분의 인사 담당자는 통신 용어에 익숙하지도 않을뿐더러, 익숙하다 하더라도 수백, 수천의 서류 중에서 맞춤법도 제대로 지키지 않은 서류를 끝까지

읽을 여유는 없다.

응시자가 제출한 자기소개서를 통해 성장환경, 가족사항, 대인관계, 조직에 대한 적응력, 성격, 인생관 등을 알 수 있으며, 실무경험과 업무능력, 장래성을 가늠해 볼 수 있다. 또한 문장 구성력, 논리성뿐만 아니라 응시자의 표현력까지 확인할 수 있다.

자기소개서는 특히 면접 전형에서 질문의 기초 자료로 활용되기 때문에 충실하게 내용을 작성해야 한다.

1. 자기소개서를 요구하는 이유

① 성장과정과 인성 파악

사람에게는 성장과정이 있고, 환경의 지배 또한 받고 산다. 자기소개서를 통해 어떤 환경 속에서 성장했고, 그 환경이 응시자의 인격형성에 어떤 영향을 미쳤는가를 파악하고자 한다. 도시에서 자란 사람도 있고, 시골에서 자란 사람도 있다. 또한 부유한 가정에서 별 걱정 없이 자란 사람이 있는가 하면, 부모나 형제의 도움 없이 불우하게 자란 사람도 있다.

응시자의 가족 구성, 형제들의 학력이나 나이 차이, 학창 생활이나 서클 활동 등에 대한 이야기를 통해 응시자가 조직의 한 일원으로서 잘 융화할 수 있는지를 알 수 있다.

② 지원동기 파악

자기소개서의 지망동기를 통해 지원자의 분명한 의지와 동기를 파악할 수 있다. 대체적으로 지원동기는 응시자가 성장하면서 지니게 되는 꿈의 구체적인 성취욕구나 전공과목과 관련성을 갖게 된다. 무슨 일이든 그 시작에 동기가 뚜렷하지 않은 사람은 성취감을 느끼기 힘들며, 특히 취업을 앞두고 자기가 취업하고자 하는 곳에 대한 지원 동기는 더욱 뚜렷하지 않으면 안 된다.

따라서 일반적인 내용으로 전개된 지원동기 보다는 구체적인 정보 수집을 통해 연관성 있는 지원동기를 제시하여 자신의 강한 의욕과 열정을 보여주는 것이 중요하다.

③ 장래희망 파악

지나치게 과장된 포부를 열거하는 것도 좋은 인상을 주지 못하지만 사회인으로서 확고한 포부가 없다면 곤란하다. 응시자가 어떤 각오와 계획으로 사회생활을 하고자 하는지 알고 싶어한다. 이런 포부가 구체적인 사람일수록 자신의 발전은 물론 나라의 발전에도 기여할 수 있다고 믿기 때문이다.

④ 실무경험과 업무능력 파악

자기소개서의 과거 경력사항이나 특기사항을 통해 그 사람이 업무와 관련된 실무경험과 능력이 있는지 알고 싶어한다. 전혀 다른 업종, 다른 직무파트에서 근무했던 사람, 경험이 없는 사람보다는 관련 분야의 실무경험이 있는 사람이 현장에 투입되었을 때 빠른 적응력을 보이기 때문이다.

⑤ 생활태도와 근면성 파악

자기소개서에 기재되는 응시자의 취미, 특기사항, 대인관계 등은 응시자의 평소 생활태도와 성실성을 짐작할 수 있는

Q 판소리에서 대목 사이에 말하듯이 사설을 엮어 가는 것은?

중요한 단서가 된다. 특히 꾸준한 건강관리, 올바른 스트레스 해소법, 장점을 계발하고 단점을 극복하고자 했던 노력, 타인과의 커뮤니케이션과 협동을 중시하는 자세 등이 높이 평가된다.

⑥ 커뮤니케이션 능력 파악

사회에서의 공식적인 의사전달은 주로 글을 통해 이루어진다. 따라서 자기소개서에 전체적으로 드러난 응시자의 커뮤니케이션 능력을 살펴본다. 간결하고 논리적으로 설명하고 있는지, 설득력 있는 예를 들고 있는가를 통해 조직 속에서 적극적으로 자기 능력을 발휘할 수 있는지를 보고자 한다.

이와 함께 어휘력과 맞춤법의 정확성을 함께 살펴봄으로써, 꼼꼼한 업무처리 능력도 가늠해 볼 수 있다. 또한 자필이력서의 경우는 필체를 통해서 대략적인 성격을 파악할 수 있고, 컴퓨터로 작성된 문서에서는 응시자의 실제 컴퓨터 활용능력을 짐작해 볼 수 있는 것이다.

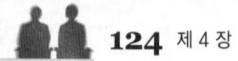
2. 자기소개서의 구성

자기소개서는 그야말로 자기 자신을 솔직하고 당당하게 소개하는 문서이다. 따라서 어떤 틀이나 형식에 얽매이기보다는 자신의 모든 것을 함축적이고 구체적으로 보여준다는 마음가짐으로 개성 있게 작성하는 것이 좋다.

① 성장과정

성장과정을 연대기적으로 서술해 나가되 될 수 있으면 장점이 될 수 있는 성격이나 능력과 연결되는 독특한 체험 등을 구체적으로 예를 들면서 현실감 있고 개성 있게 표현하도록 한다. 첫 머리가 중요하므로 독창적인 소재를 끌어내는 것이 좋다. 특히 학창시절 중 전공과목과 관련된 이상(理想)과 그 실현을 위한 자신의 노력을 열거하고, 자신을 포함한 가족관계, 자신에게 영향을 끼친 선후배나 스승의 이야기도 할 수 있다.

가정형편이 여의치 못했거나, 부모 가운데 한 분이 계시지 않아 어려운 생활을 했으면 있는 그대로를 보여준다. 그러나 어두운 일면을 어떻게 밝은 마음으로 극복해 나갔는지를 설득력 있게 표현해 읽는 사람의 공감을 이끌어내는 것이 중요하다.

② 성격의 장 · 단점

자신의 장 · 단점을 구분해서 분명히 말하기란 생각처럼 쉽지가 않다. 자신의 장점을 최대한으로 나타내 보이고, 또 가능하다면 자신의 단점에 대한 언급과 함께 그것을 고쳐나가기 위한 노력이 담긴 에피소드 등도 소개하는 것이 좋다.

③ 지원 동기

자기소개서에서 가장 중요한 것은 지원 동기와 희망 업무, 앞으로의 계획에 대한 내용이다. 막연하고 추상적인 동기보다는 직접 연관이 있는 내용을 기술하는 것이 효과적이다.

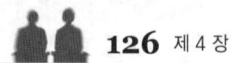

④ 장래의 희망 또는 목표

장래의 희망 또는 목표를 구체적으로 밝히는 것이 좋다. 이 때에도 '열심히', '성실히' 등의 막연한 표현보다는 자기 계발을 위해 어떤 계획이나 각오로 임할 것인가를 구체적으로 이야기하는 것이 좋다.

3. 자기소개서 작성 포인트

잘 작성된 자기소개서란 어떤 것일까? 자기소개서는 '응시자'인 자신을 소개하는 뚜렷한 목적을 가지고 있다. 가장 중요한 것은 '자신을 어떤 모습으로 소개할 것인가', 그리고 이것을 보는 '인사담당자에게 어떤 인상을 줄 것인가'이다. 따라서 자기가 전달하려는 내용을 정확하게, 그리고 상대방이 쉽게 이해할 수 있도록 작성해야 한다.

① 상대의 입장에서 작성하라

훌륭한 자기소개서는 취업할 곳에 대한 전략적인 정보수

Q 본 곡의 연주에 앞서 호흡을 고르기 위해 미리 연주하는 짧은 악곡은?

집과 분석으로부터 출발한다. 자기소개서에 자신이 해당직
무를 얼마나 잘 이해하고 있는지, 자신이 왜 여기에 적합하
고, 어떤 기여를 할 수 있는지에 대해 구체적으로 밝힐 수 있
다면 이보다 설득력 있는 자기소개서는 없을 것이다.

② 자기의 핵심을 솔직하게 PR하라

자기소개서는 장황한 많은 내용을 담는 것보다 인사담당
자가 알고 싶어하는 핵심 포인트를 갖고 있어야 한다. 서클
활동, 외국어 능력, 컴퓨터 활용능력 등 장점이 될 수 있는
것은 객관적, 구체적으로 기술하는 것이 좋다. 그러나 지나
치게 과장하는 것은 오히려 역효과를 가져올 수 있다. 자신
의 단점은 솔직하게 시인하고 이를 극복하기 위한 노력들을
밝혀주는 것이 오히려 좋은 인상을 준다. 구체적인 경험담을
들어 치밀하고 솔직한 인상을 심어주는 계기로 삼자.

③ 독창성 있는 내용을 담아라

일반적이고 평범한 내용보다는 자신만의 독특한 경험이나

가치관 등을 보여주는 것이 좋다. 특히 자신의 성장과정 중에서 적극적 사고방식, 좋은 대인관계, 성실성, 원만한 품성, 협조성의 사례가 될 만한 것들이나 자신이 어떻게 스스로를 계발하기 위해 노력했는지를 충실히 보여주는 것이 좋다.

④ 간결하고 논리적으로 작성하라

자기소개서에 들어가는 내용은 성장과정, 성격, 특별한 능력, 생활 신조, 지원동기, 장래의 희망이나 포부 등이다. 이 중에서 인사담당자가 자신을 판단하는데 꼭 필요한 내용만 간결하게 작성하고 불필요하다고 생각될 내용은 과감히 삭제하는 것이 좋다. 가급적 모든 문장은 결론을 먼저 서술하고 부연설명을 하는 두괄식으로 작성하면 글의 핵심을 파악하는데 도움이 된다.

⑤ 소신과 패기를 보여라

응시자들의 인성과 가치관이 중요한 요소로 평가되고 있다. 자기소개서에도 자신의 열정과 패기, 소신을 보여주는 것이 인사담당자에게 호감을 불러일으킨다.

⑥ 지원동기와 장래 희망, 포부를 구체적으로 밝혀라

자신의 전공 또는 희망을 연관시켜 지원동기를 구체적으로 밝혀준다. 이를 위해서는 평소 자료를 수집해 미리 연구해 두는 것이 좋다. 앞으로의 희망이나 각오를 말할 때는 '열심히', '최선을 다해' 라는 막연한 표현보다는 목표 성취와 자기계발을 위해 어떠한 계획이나 각오를 갖고 일에 임할 것인가를 구체적으로 언급하는 것이 좋다.

⑦ 첨부서류를 제대로 활용하라

졸업증명서(또는 졸업예정증명서), 성적증명서, 자격증 사본 등 각종 증빙서류를 요구하는 경우가 많다. 따라서 증빙서류는 미리 준비해 두어야 한다.

⑧ 여유를 갖고 깨끗이 작성하라

마감시간이 임박해서야 급하게 자기소개서를 작성하는 응

A 착시

시자들이 있다. 이는 바람직하지 못하다. 충분한 시간여유를 갖고 여러 번 수정 보완한 후 작성하는 것이 좋다. 맞춤법에 유의함은 물론이고 문장 속의 문맥과 논리성도 살펴보아야 한다. 자기소개서는 자기 PR이므로 지나치게 겸손하고 소극적인 모습을 보이는 것은 좋지 않다.

4. 자기소개서 서술기법

진부한 표현은 쓰지 않는다

문장의 첫머리는 '저는..', '나는' 이란 단어로 시작하지 말 것.

> 이것은 마치 일기를 '오늘 나는…' 이란 말로 시작하는 것과 똑같다. 지금 쓰고 있는 자기소개서는 친구, 선배, 후배, 그 누구 것도 아닌 바로 자기 자신에 대한 소개서이다. 이미 인사 담당자도 알고 있는 사실이다.

저는 19○○년 ○년 ○○일에 태어나…

> 태어난 연월일은 이력서에 이미 기재가 된 상황이므

로 중복해서 소개서에 쓸 필요는 없다.

당연한 말은 쓰지 않는다.

- 학생 때는 공부를 열심히 했습니다.
- 친구들과 의리 있게 지냈으며, 우정이 돈독합니다.
- 부모님께 효도를 하며 자랐습니다.
- 군대시절 군복무를 충실히 했습니다.
- 열심히 하겠습니다.

누구라도 쓸 수 있는 당연한 말은 차라리 쓰지 않는 게 낫다. 군이 쓰고 싶다면 구체적으로 예를 들어 다르게 표현하자. 당신은 다른 존재이고, 이 세상에서 유일한 사람이다. 유일함을 인식시킬 수 있는 글을 쓰자.

통신 언어는 쓰지 않는다

글을 쓰는데 있어서 가장 기본은 맞춤법이다. 반드시 맞춤법을 지키자. 요즘 자기소개서는 자기소개서인지, 웹사이트

자유 게시판에 올리는 글인지 분간하기가 어려울 때가 많다고 한다. "~했구여.", "~하구.", "~있슴다." 등 어미를 통신 용어로 그대로 쓸 뿐 아니라 어미 끝에 말줄임표와 마침표의 남발과 온갖 표정들까지 실로 다양하다는 것이 관계자들의 말이다.

5. 자기소개서 예문

자기소개서 I (대졸 남성)

김 영 수

사랑과 정직을 가훈으로 하는 화목한 기독교 집안의 3남매 중 장남으로 태어났습니다. 교육을 천직으로 아시는 아버님에게서는 모범적인 교육자상을, 언제나 미소를 잃지 않는 어머님에게서는 따뜻함을 배우며 자랐습니다.

어려서 제일 좋아했던 것은 축구였습니다. 아버님의 권유로 초등학교 때부터 시작했던 축구는 중학교에 들어가서 선

수 생활로 이어졌습니다. 제 포지션은 골키퍼였습니다. 어떤 일이 닥치든 그때그때 효과적으로 대처할 수 있는 순발력은 그 시절부터 길러진 것 같습니다. 축구선수 경험은 저에게 많은 영향을 미쳤습니다. 원래 소극적이었던 성격이 적극적이고 활달한 성격으로 바뀌었으며, 또한 팀을 중심으로 하는 단체생활을 통해 협동심과 조직에 대한 적응력을 배웠다고 생각합니다.

고등학교 3학년 때 진로에 대한 많은 고민 끝에 ○○대학교 경제학과에 입학하였습니다. 합리적인 경제생활의 운영, 즉 인간이 생활하는 데 필요한 재화나 용역의 생산, 교환, 분배 과정에 있어서의 일정한 질서와 조직을 학문적으로 고찰해 보고자 선택한 것이었습니다.

대학 2학년 여름방학 때에는 강원도 화천으로 농촌봉사활동을 갔습니다. 이 봉사기간 동안 저는 농민들의 노고에 대해, 그리고 낙후되어 있는 지방사회개발에 좀더 마음을 쏟아야 할 이 땅의 젊은이로서의 삶의 자세에 대해 많이 생각해 보았습니다.

A 설악산, 한라산, 홍도, 대암산과 대우산, 향로봉과 건봉산

2년 남짓의 대학생활 뒤, 국토방위를 위해 입대하여 강원도 최전방에서 군대생활을 보내고 복학하였습니다. 전공은 물론 자신의 안목과 이해의 폭을 넓힐 수 있는 교양공부도 착실히 했던 대학생활은 자유와 그에 따르는 책임감을 배우게 하였고, 성인으로서 사회생활을 알 수 있는 능력도 갖게 하였습니다. 저의 진로를 공무원으로 결정한 건 이 시기였습니다. 봉사활동과 국토방위를 마치자 자신을 되돌아 볼 수 있었고, 특히 국가라는 조직에 대해 관심을 가지게 되었습니다. 살기 좋은 나라, 국민이 주인인 나라, 친절로 봉사하는 공무원이 삼위일체가 되었을 때 경쟁력 있는 우리나라가 된다고 생각합니다.

나라의 발전과 공익을 위해서 있는 힘을 다할 각오입니다. 젊음과 열정을 다할 수 있는 기회를 주셔서 감사합니다.

자기소개서 Ⅱ (고졸 남성)

최 성 훈

목포의 지붕이라 불리는 유달산이 한 눈에 들어오는 전남 영암의 바닷가 갯마을에서 농사를 지으시는 아버지와 게를 잡아 파시는 어머니의 3남매 중 둘째로 태어났습니다.

집안이 풍족하지 않았음에도 불구하고 부모님께서는 언제나 따뜻한 사랑과 바다와 같은 넓은 마음을 지니게 해 주셨습니다. 아버지는 언제나 땀방울을 흘린 만큼 되돌려주는 흙처럼 정직하고 진실하게 살라고 가르쳐 주셨습니다. 저는 수업이 끝나면 부모님을 도와 농사일들을 했습니다. 묵묵히 자연의 가르침에 순응하는 자세를 배웠고, 또 작은 것에 기쁨을 나눌 줄 아는 겸손함도 배웠습니다.

초등학교와 중학교를 마치고 상급학교 진학을 위해 부모님과 선생님께 상의하고 적성검사 결과를 고려하여 정보고등학교에 진학했습니다. 나라의 일꾼이 된다는 기쁨으로 새로운 것들을 익히며 3년 동안 열심히 매진하였습니다. 그 결

과 컴퓨터 관련 자격증과 기술관련 자격증을 취득했고, 육군으로 입대하였습니다.

군대생활은 저에게 협동심과 단결력, 끈기와 패기를 길러주었습니다. 사회성도 군대생활에서 많이 길러졌다고 할 수 있습니다. 훈련에 성실히 임하면서 저는 국가를 위해 무엇을 해야할 것인가를 깊이 있게 생각하게 되었고, 또 우리 고장을 위하는 것이 곧 나라를 위하는 기본이 된다는 것을 깨달았습니다.

이때부터 공무원이 되려는 목표를 세웠고, 틈나는 대로 공부에 열중했습니다. 힘든 일도 있었지만 부모님과 고향을 생각하면서 극복할 수 있었습니다. 우리나라는 현재 세계화를 위한 힘찬 걸음을 내딛고 있습니다. 이와 때를 같이하여 확고한 국가관과 청렴을 중시하는 윤리관이 확립되어야 한다고 생각합니다.

이제는 중앙에 집중되어 있는 제도들이 지방자치로 이양되었고, 풀뿌리 민주주의라고 일컬어지는 지방자치제도가 제대로 확립되어 가고 있기 때문에 고장을 위한 일꾼이 되어

야 한다는 것에는 변함이 없습니다. 이를 위하여 고장을 사랑하며 아끼는 마음과 공익을 위하는 마음이 제대로 발휘될 수 있도록 노력하겠습니다.

　더 나아가 세계에서 가장 살기 좋은 나라, 공무원이 앞장서서 열심히 일하는 나라, 자기의 직분에 충실하면서 발전하는 모습을 보이는 공무원, 기업의 경쟁력보다 더 앞선 경쟁력으로 나라를 이끌어 가는 공무원이 되도록 끊임없이 노력하겠습니다.

　감사합니다.

A 상쇄

자기소개서 Ⅲ (대졸 여성)

김 정 현

'정직하고 성실하게 살아야 한다' 는 공무원이신 아버지의 신념 아래 온양에서 1남 1녀의 장녀로 성장했습니다. 공직을 천직으로 여기시며 기쁨과 성실로 임하시는 아버지의 영향으로 어릴 때부터 공무원이 되는 게 꿈이었습니다.

손재주가 많았던 어머니를 닮아 그림을 잘 그렸고, 책을 좋아하셨던 아버지의 영향으로 글짓기에도 취미가 있었습니다. 중학교 2학년 때 학예대회에서 그림으로 금상을 받아 진로를 정할까하는 고민도 했습니다. 그러나 저의 꿈은 화가가 아니기 때문에 공부에 매진하게 되었으며, 공무원이 되려는 마음은 변함이 없었습니다.

대학교에 진학하면서 정보화사회에 발맞추는 일꾼이 되어야겠다는 마음으로 전공 외에 컴퓨터 활용에 관한 공부를 했습니다. 그 결과는 자격증 2개가 말해주고 있습니다. 평온한 가정환경으로 인해 주위의 어려움을 잘 모르던 중 봉사활동

동아리에서 경험한 것은 나의 시각을 소외된 곳으로 돌리게 했습니다.

'아직도 이런 환경에서 생활하는 이웃이 있구나'를 느끼면서 틈나는 대로 동아리 회원들과 고아원, 양로원 등에서 봉사활동을 했습니다. 날이 갈수록 부모님에게는 감사가, 그리고 이들이 즐겁고 편안하게 생활할 수 있도록 노력하는 공무원이 되어야겠다는 마음이 생겨났습니다.

어렸을 때 가졌던 꿈이 아버지에 대한 동경의 발로였다면, 대학생활 중에 가졌던 진로의 결정은 현실과 연계된 구체적인 것임에 틀림없습니다. 이렇듯 소중한 경험을 가질 수 있었다는 사실이 제게는 무한한 기쁨입니다.

공공의 이익을 위해 노력하고, 나라의 발전을 위해 일꾼을 자청하며, 자신의 자아실현을 위해 노력하는 자세를 잃지 않겠습니다. 공무원에 합격했다는 사실만으로 안주하는 것이 아니라 세계화와 미래의 공무원상을 창조하는 그런 사람이 되고자 노력하겠습니다.

6. 이력서 작성법

이력서는 자신의 첫인상을 결정짓는 문서이다. 자신의 외모, 학력이나 경력, 가족관계, 상벌관계, 특기사항 등을 한눈에 파악할 수 있는 가장 기초적인 자료이기 때문이다.

이력서는 자필이력서와 인터넷의 확산과 아울러 이메일을 통해 제출하기도 한다. 온라인을 이용한 이력서 작성 시대가 되었지만 이력서의 기본 구성과 작성원칙은 변함 없이 지켜지고 있다.

(1) 이력서의 구성

① 사진

이력서 상단에 붙이는 사진은 응시자의 첫인상에 큰 영향을 미치므로, 최대한 잘 나온 것을 골라 써야 한다. 복장은 단정한 정장스타일이 무난하다. 사진에 드러나는 표정은 밝고 건강하며, 의욕적인 인상을 풍기도록 하는 것이 좋다.

사진은 보통 3개월 이내에 촬영한 것을 쓴다. 사진 사이즈는 명함, 반명함판 등이 주로 많이 쓰이며, 즉석사진이나 스냅사진 사용은 절대 금물이다.

또한 MS-word 등으로 작성하는 온라인 이력서의 경우에는 반드시 사진을 넣어야 한다. 사진을 미리 스캔 받아, 적당한 사이즈로 미리 준비해두면 도움이 되며, 자필 이력서의 경우에는 사진이 손상되지 않도록 하는 것이 중요하다.

② 응시부문과 연락처

좌측상단엔 자신이 지원하고자 하는 응시부문을 명기한다. 우측 상단엔 연락처과 이메일 주소를 기재한다. 합격 여부를 이메일이나 전화를 통해 통보하고 있기 때문에 이메일과 연락처 번호가 틀리지 않도록 마지막까지 확인한다. 연락처의 경우 휴대폰 등 본인이 빠른 시간 내에 직접 분명하게 받을 수 있는 것을 명시하는 것이 좋다.

③ 주소

현 주소는 통, 반(아파트의 경우 동, 호수)까지 정확히 기재해야 한다. 인적사항이 실제와 다를 때는 주민등록 등, 초본에 기재된 내용과 동일하게 기록하는 것이 좋다.

④ 성명

성명란에는 한글과 한자 모두를 적는 것이 일반적이며, 성명 뒤에는 반드시 도장이나 사인을 한다. 온라인 이력서의 경우에는 도장을 미리 스캔 받아 크기를 조절해 놓으면 도움이 된다. 사인을 스캔 받거나 이미지 프로그램으로 만들어 놓으면 세심한 부분까지 점수를 받을 수 있다.

⑤ 생년월일

생년월일은 서기로 적고, 나이는 만 나이로 기재한다.

⑥ 호주와의 관계

호주와의 관계는 자기 쪽에서 본 관계가 아니라, 호주 쪽에서 본 관계를 말하므로 '부' 또는 '모' 라고 기재하지 말고, 장남 · 장녀 등으로 기재한다. 예를 들어 '부', '모' 가 아니라 '장남', '차녀', '삼녀' 등으로 기재해야 한다.

| 예 |

부모(父母)님 중 한 분이 호주일 경우

장남(長男), 차남(次男), 삼남(三男)…

형(兄)이 호주일 경우   제(弟)

본인이 호주일 경우   본인

배우자가 호주일 경우   남편, 내자(內子), 처

---

⑦ **학력사항**

학력사항은 경력사항과 더불어 가장 중요한 부분이다. 최근에는 최종학력이 대졸인 경우에는 학력사항을 보통 고등학교 졸업(검정고시 포함)부터 적는 것이 일반적이다. 입학날짜와 졸업날짜는 정확히 기재해야 한다. 전문대학, 대학은 입학연도와 졸업 연도를 명기하고, 학부, 학과까지 명기하여 이수내용을 정확히 표시한다. 그리고 대학 · 대학원의 입학과 졸

업, 박사과정, 어학연수, 기타 학원수료 등을 기재한다.

　　남성의 경우 군 경력은 학력 속에 포함시켜 학력사항 중에 그에 해당하는 사이의 기간에 넣는다. 병역사항은 복무기간, 군별, 계급 등을 적고 면제를 받았을 경우 면제 사유도 기재한다.

| 예 |

연　월　일	학 력 사 항
2000. 00. 00	○○고등학교 졸업
2000. 00. 00	○○대학교 ○○학과 입학
2001. 00. 00	군 입대
2003. 00. 00	군 제대
2006. 00. 00	○○대학교 ○○학과 졸업

⑧ 경력사항

　　현재 상태 및 응시자의 과거 경력을 기재하는 난이다. 주요 아르바이트 경험을 포함해 전 직장의 업체명, 소속 부서와 직위 및 역할, 입·퇴사 연월일 등을 표기하는 것이 원칙이며, 가급적 관련 있는 근무경험을 위주로 작성하는 것이

좋다. 응시하려는 직무와 관련이 없는 이력과 경력의 나열은 피하며, 간결하고 정확하게 작성되어야 한다.

⑨ 특기사항

과거에 수료한 각종 교육이나 연수, 수상경력 등을 기재한다. 지망 업무와 관련된 교육 수료나 실무에 응용 가능한 경력들을 표기하는 것이 좋다. 그리고 기타 특기와 취미를 구체적으로 작성하는 것도 자신의 평소 적극적인 생활태도를 보여줄 수 있다.

수상경력, 교육연수 등은 연월일과 정확한 명칭, 발급기관을 정확히 표기해야 한다. 특히 컴퓨터와 외국어능력이 중시되기 때문에 컴퓨터·외국어와 관련된 수상경력은 언급해 두는 것이 좋다.

| 예 |

특 기 사 항

| 컴퓨터 | MS-Word 능숙, 한글, 포토샵 등 |
| 취 미 | 스쿠버다이빙 |

A 칸, 베니스, 베를린 영화제

⑩ **자격사항**

이 난에는 업무를 수행하는 데 도움이 되는 각종 자격증과 면허증을 기입한다. 또한 학창시절에 학업이 우수하여 받은 상이나 직장에서의 포상 등 각종 수상경력을 밝혀 적어놓으면 도움이 된다. 한편 자격증은 국가가 공인한 자격증만을 기재하는 것이 원칙이나, 직무와 관련된 것이라면 비공인 자격증을 기입해도 무방하다. 자격증에는 취득일과 발령 기관명이 뒤따라야 한다.

| 예 |

연 월 일	자 격 증
2000.00.00	자동차운전면허 1종 보통 취득 ○○지방경찰청
2005.00.00	워드프로세서 1급 취득　산업인력 관리공단

⑪ **마무리**

이력서를 마무리 할 때는 [위와 상위 없음], 또는 [위와 같이 틀림없음]이라고 표기한다. 그 한 줄 아래에 날짜를 연월일로 적는다. 그리고 맨 마지막 줄에 성명을 쓰고 도장(사인)을 찍는 것으로 마무리한다.

| 예 |

상기 내용은 사실과 다름없습니다.

2006.00.00

홍 길 동 ㉑

이력서 실례 ㅣ

<table>
<tr><td rowspan="3">사진</td><td colspan="4" align="center">이 력 서</td><td></td></tr>
<tr><td>성 명</td><td colspan="3" align="center">홍 길 동</td><td>주민등록번호
810101-1000000</td></tr>
<tr><td>생년월일</td><td colspan="3">1981년 1월 1일(만 ○○세)</td><td></td></tr>
<tr><td colspan="2">주 소</td><td colspan="3">서울특별시 ○○동 ○○가 ○○동 ○○번지</td><td>연락처 02-100-1000(H.P: 000-000-0000)</td></tr>
<tr><td colspan="2">호적관계</td><td>호주성명</td><td colspan="2">○ ○ ○</td><td>호주와의 관계   **長 男**</td></tr>
<tr><td>년</td><td>월</td><td>일</td><td colspan="2" align="center">학 력 및 경 력 사 항</td><td>발령청</td></tr>
<tr><td>2000</td><td>2</td><td>15</td><td colspan="2">○○고등학교 졸업</td><td></td></tr>
<tr><td>2000</td><td>3</td><td>2</td><td colspan="2">○○대학교 사회복지학부 사회복지학과 입학</td><td></td></tr>
<tr><td>2001</td><td>3</td><td>8</td><td colspan="2">육군 입대</td><td></td></tr>
<tr><td>2003</td><td>8</td><td>10</td><td colspan="2">육군 만기 제대</td><td></td></tr>
<tr><td>2004</td><td>3</td><td>3</td><td colspan="2">○○대학교 사회복지학부 사회복지학과 복학</td><td></td></tr>
<tr><td>2006</td><td>2</td><td></td><td colspan="2">同交 同科 졸업(예정)</td><td></td></tr>
<tr><td></td><td></td><td></td><td colspan="2">資格事項</td><td></td></tr>
<tr><td>2000</td><td>6</td><td></td><td colspan="2">1종 보통 운전면허 취득</td><td>서울지방경찰청</td></tr>
<tr><td>2006</td><td>2</td><td></td><td colspan="2">사회복지사 및 유치원2급 정교사 자격증 취득</td><td>교육부</td></tr>
<tr><td></td><td></td><td></td><td colspan="2">特技事項</td><td></td></tr>
<tr><td></td><td></td><td></td><td colspan="2">영어회화 능통</td><td></td></tr>
<tr><td></td><td></td><td></td><td colspan="2">PC 능통(워드, 파워포인트, 엑셀, 인터넷)</td><td></td></tr>
<tr><td></td><td></td><td></td><td colspan="2">受賞內容</td><td></td></tr>
<tr><td></td><td></td><td></td><td colspan="2">대학교 재학 중 성적장학금 3회 수상</td><td>총 장</td></tr>
<tr><td>2005</td><td>3</td><td></td><td colspan="2">교내 영어 경시대회 3위 입상</td><td>총 장</td></tr>
<tr><td></td><td></td><td></td><td colspan="2">海外研修</td><td></td></tr>
<tr><td>2003</td><td>9</td><td></td><td colspan="2">미국 ○○ ○○○ 어학연수(6개월)</td><td></td></tr>
<tr><td>2004</td><td>8</td><td></td><td colspan="2">유럽 5개국 배낭여행(20일간)</td><td></td></tr>
<tr><td></td><td></td><td></td><td colspan="2">校內·外 自願奉事活動</td><td></td></tr>
<tr><td>2004</td><td>6</td><td></td><td colspan="2">필리핀 민다나오 알라망 지역 봉사활동(15일)</td><td></td></tr>
<tr><td></td><td></td><td></td><td colspan="2">한울타리 동아리 봉사활동(3년)</td><td></td></tr>
<tr><td></td><td></td><td></td><td colspan="2" align="right">위 사항은 틀림없음</td><td></td></tr>
<tr><td></td><td></td><td></td><td colspan="2" align="right">2006년 0월 0일</td><td></td></tr>
<tr><td></td><td></td><td></td><td colspan="2" align="right">홍 길 동 ㊞</td><td></td></tr>
</table>

Q 빅뱅이란?

제5장 공무원 면접대비를 위한 시사상식

공무원 관련 상식

✅ **공무원[公務員, public servant]**

공무원이란 공무에 종사하는 사람을 말하며 공무원의 개념은 제도적 산물이므로 극히 다의적(多義的)이다.

한국의 실정법상 개념으로는 대체로 다음과 같은 세 가지가 있다. ① 최광의로는 일체의 공무담당자를 의미한다. 국가 또는 지방공공단체의 모든 기관구성자가 이에 해당한다. 국가배상법 또는 형법상의 공무원의 개념이 그 예이다. ② 광의의 공무원이란 국가 또는 공공단체와 광의의 공법상 근무관계를 맺고 공무를 담당하는 기관구성자를 말하며, 그 신분과 지위에 있어 일반 사인(私人)과는 다른 특별한 법적 취급을 받는다. ③ 협의의 공무원이란 국가 또는 공공단체와 공법상 특별권력관계를 맺고 공무를 담당하는 기관구성자를 말한다. 일반적으로 행정법상의 공무원은 이 협의의 공무원을 주된 대상으로 하고, 필요에 따라 광의 또는 최광의의 공무원에 관하여 언급하는 것이 보통이다. 협의의 공무원은 단순한 노무에 종사하는 자(고용원)나 잡급직원·계약직원 같은 것도 포함하고 있는 까닭에 과거의 관리(官吏)·공리(公吏)의 개념보다 넓은 것이다.

과거의 가산국가(家産國家)·절대군주국가에서 공무원은 국가 그 자체를 상징한 군주의 가산 또는 신복(臣僕)으로 간주되었다. 그러나 현대

🅰 우주를 탄생시킨 대폭발을 뜻하는 말로 금융규제완화, 금융혁신을 의미.

민주국가에서의 공무원은 정치적으로는 주권자인 국민의 대표자·수임자로서 국민 전체에 봉사하고 국민에게 책임을 지는 것을 본질로 하며, 법적으로는 국민의 법적 조직체인 국가기관의 구성자요, 국가조직의 인적 요소·법적 단위로서 특별한 법적 지위가 인정되고 있다. 따라서 현대 민주국가에서의 공무원은 행정수반에 대하여 충성관계로 얽힌 신복적 관리가 아니다.

공무원은 국가에 대하여 공법상 특별권력관계를 맺고 있는 기관구성자이므로 공무원의 신분관계는 공법적인 것임을 특색으로 하는 동시에, 또 한편으로는 직업인으로서 근로관계에 있는 것이다. 점차 직업공무원제도가 확립되고 있으나, 한편 공무원은 특수한 공법적 지위와 신분 때문에 일반 근로자가 가지는 노동기본권은 헌법상 제약을 받고 있다(31조).

◇ 공무원윤리헌장[公務員倫理憲章]

1980년 12월 29일 대통령훈령 제44호로 선포된 공무원의 윤리헌장이다. 이전의 '공무원의 신조' 확대·발전시킨 것으로 국가에 대한 헌신과 충성, 국민에 대한 정직과 봉사, 직무에 대한 창의와 책임, 직장에서의 경애와 신의, 생활에서의 청렴과 질서 등을 주요 덕목으로 채택하였다.

◇ 공무원윤리헌장실천강령

| 국가에는 헌신과 충성을 |

1. 애국선열의 위국충정을 귀감으로 삼고 신명을 바쳐 국가안보에 앞장선다. (국가안보)
2. 새역사 창조의 기수로서 민주복지국가 발전에 이바지한다. (민주복지)
3. 확고한 민족주체의식을 가지고 사대주의 사상을 단호히 물리친다. (주체의식)
4. 조상이 물려준 전통문화를 드높이고 이를 창조적으로 발전시켜 나간다. (문화창달)
5. 우리민족의 영원한 보금자리인 국토를 아름답게 가꾸고 보존한다. (국토보존)
6. 우리의 말과 우리의 글을 사랑하고 갈고 닦아 나간다. (국어사랑)

국민에게 정직과 봉사를

1. 법령과 양심에 따라 공명정대하게 업무를 처리하여 국민의 신임을 얻는다. (공정한 업무처리)
2. 모든 업무는 나와 관청의 편의보다는 국민편의 위주로 처리한다. (국민편의 행정)
3. 공익우선의 정신으로 특정개인이나 단체에 대한 차별적 특혜를 거부한다. (부당한 특혜 배격)
4. 실속 없는 전시행정이나 지속성 없는 졸속행정의 폐습을 지양한다. (내실행정 추구)
5. 공개행정을 실천하여 국민의 참여와 협조를 얻도록 노력한다. (공개행정 구현)
6. 민원인을 대할 때에는 내 집의 손님처럼 친절과 예절을 다한다. (친절봉사행정)

직무에는 창의와 책임을

1. 전문지식과 기술을 부단히 연마하여 부여받은 업무를 창의적으로 개선시켜 나간다. (창의적 직무수행)
2. 모든 업무는 신중히 검토하고 지체없이 처리하며, 그릇된 제도나 정책을 과감히 시정한다. (발전지향적 자세)
3. 맡은 바 직무는 어떠한 압력과 유혹에도 굴하지 않고 소신있게 처리한다. (소신있는 업무처리)
4. 업무처리는 분명히 하고, 그 결과에 대하여는 스스로가 책임을 진다. (책임행정)
5. 기관간의 업무협조를 원활히 하여 전체적인 행정목적 달성에 적극 기여한다. (업무협조)
6. 근무시간 중에는 직무에만 전념하고 사사로운 일로 시간을 낭비하지 아니한다. (직무전념)

직장에선 경애와 신의를

1. 내 직장을 내 집같이 여겨 명랑하고 화목한 근무환경을 조성한다.

(명랑한 분위기)

2. 상사의 명령에 복종하되, 부당한 지시는 소신껏 건의하여 바로 잡
   도록 노력한다. (상사에 대한 태도)
3. 부하의 인격을 존중하여 올바른 건의는 진지하게 받아들이고 잘
   한 일은 칭찬으로 격려한다. (부하에 대한 태도)
4. 독선과 아집을 버리고 이해와 겸손으로 동료간의 융화를 도모한
   다. (동료에 대한 태도)
5. 언행의 일치와 약속의 이행으로 서로 믿을 수 있는 공직풍토를 조
   성한다. (신뢰풍토)
6. 직장내의 파벌조성을 삼가하며 남을 비방하거나 모함하지 아니한
   다. (파벌의식 타파)

생활에는 청렴과 질서를

1. 조상이 남긴 청백리정신을 계승하여 공직사회의 기강확립에 앞장
   선다. (청렴정신)
2. 직권을 이용하여 이권에 개입하지 않고 사사로운 정에 끌리는 정
   실을 물리친다. (이권불개입)
3. 허례허식을 삼가하고 근검절약의 실천으로 분수에 맞는 생활을
   한다. (근검절약)
4. 준법정신을 생활화하고 공중도덕을 준수하여 사회질서 확립에 앞
   장선다. (준법정신)
5. 화목한 가정생활과 올바른 자녀교육을 위하여 노력한다. (가정생
   활)
6. 이웃과는 항상 웃으며 인사하고 상부상조하는 미풍양속을 솔선
   실천한다. (이웃생활)

주요시사약어

✅ **ABC**[Audit Bureau of Circulation]
발행부수공사기구. 신문이나 잡지 등의 발행 · 판매 부수를 조사해서 인증하는 기구. 광고주, 광고회사, 신문사, 잡지사 등을 회원으로 하며 비영리적으로 운영된다. 한국ABC협회(KABC)는 89년 5월 세계에서 23 번째로 창립됐다.

✅ **ABC무기**[Atomic, Biological,,Chemical]
원자(Atomic) 생물(Biological) 화학(Chemical) 무기의 준말이며 화생방(化生放; CBR) 무기와 같은 말이다. 생물 · 화학무기는 개발된 이래 수차의 국제회의나 조약을 통해 사용이 금지된 비합법적인 무기라 할 수 있다.

✅ **ADSL**[Asymmetric Digital Subscriber Line]
비대칭 디지털 가입자회선

✅ **AI**[Artificial Intelligence]
인공지능. 학습이나 의사결정과 같은 인간의 능력과 유사한 동삭을 컴퓨터가 대행할 수 있도록 하는 기술.

✅ **Albatross**
골프용어로 규정타수보다 3타수 적게 홀인하는 경우를 말함.

✅ **APEC**[Asia Pacific Economic Cooperation]
아시아태평양경제협력체. 1989년 11월 미국, 호주, 일본, 한국, 뉴질랜드, 캐나다와 동남아국가연합(ASEAN) 6개국 등 12개국으로 공식 출범한 아시아 · 태평양지역 최초의 범정부간 협력기구.

✅ **ASEAN**[Association of South-east Asian Nations]
동남아국가연합. 인도네시아, 말레이시아, 필리핀, 싱가포르, 태국 등

10개국 참여.

✅ **ASEM**[Asia-europe Meeting]
한 · 중 · 일 동북아 3개국 및 동남아의 아세안 회원국 7개국 등 아시아 10개국과 유럽연합(EU) 등이 참여하는 아시아와 유럽간의 정상회의.

✅ **AT&T**[American Telephone and Telegraph]
세계 최대의 전신 전화 회사.

✅ **B2B, B2C**[Business to Business, Business to Customer]
B2B는 기업과 기업이 전자상거래를 하는 관계, B2C는 기업이 개인을 상대로 인터넷에서 일상용품을 판매하는 형태.

✅ **BBS**[Bulletin Board System]
호스트 컴퓨터에 개인용 컴퓨터 사용자가 접속하여 문서나 파일을 게시하고, 또 게시물을 읽을 수 있는 시스템.

✅ **BBS운동**[big brothers sisters movement]
의형제결연운동 또는 의형제자매운동. 문제아들의 교화 · 교정을 목적으로 하는 청소년의 갱생운동.

✅ **Big4**[Big Four]
세계 민간 환경보호운동을 주도하고 있는 4개의 대표적 단체인 그린피스, 제3세계 네트워크, 이 땅의 친구들, 세계 자연보호기금 등을 지칭.

✅ **BIS**[Bank for International Settlements]
국제결제은행. 유럽 각 국의 중앙은행간 거래의 환(換)업무를 담당. 채무국가의 금융위기에 대해 단기연계자금의 융자를 실시하고 국제적인 신용질서 유지를 위한 역할도 수행.

✅ **BOD**[Biochemical Oxygen Demand]
생화학적 산소요구량. 물이 어느 정도 오염됐는가를 표시하는 지표.

🅠 지방자치단체의 3요소는?

☑ BSI[기업경기실사지수 ; Business Survey Index]
한국산업은행, 대한상공회의소 등에서 작성. 경기에 대한 기업가들의 판단, 장래 전망 및 이에 대비한 계획 등을 설문지를 통해 조사하는 것으로, 중요한 경기예측지표로 사용됨.

☑ CDMA[Code Division Multiple Access]
코드분할다중접속방식

☑ CEO[Chief Executive Officer]
미국 대기업의 최고의사결정권자를 말하며 우리나라에서는 전문경영인을 의미한다.

☑ CI[Corporate Identity]
기업 이미지 통합. 기업 명칭에서부터 종업원의 복장에 이르기까지 통일된 이미지를 주는 기업활동과 전략을 총칭.

☑ CAD · CAM[Computer-Aided Design · Computer-Aided Manufacture]
컴퓨터 설계 · 제작 시스템

☑ CMA[Cash Management Account]
어음관리계좌. 단자회사가 예탁금을 받아 신종기업어음(CP) 할인어음 및 단기국공채나 양도성예금증서(CD) 등 수익이 높은 금융상품으로 운용 관리해 그 수익금을 투자자에게 되돌려주는 새로운 금융상품.

☑ CP[Career Plan]
사원의 자기실현에 대한 희망, 장래의 목표 등을 바탕으로 계획적으로 직장의 훈련이나 연수를 진행시켜 가는 제도.

☑ CPU[Central Processing Unit]
컴퓨터 시스템의 중앙처리장치.

A 주민, 지역, 자치권

✅ **CRC**[Corporate Restructuring Company]
 기업구조조정 전문업체. 구조조정 대상기업의 인수, 투자 및 합병의 중개, 부실채권 매입, 회사정리절차의 대행 등을 한다.

✅ **dB**[Decibel]
 데시벨. 소음을 측정하는 단위.

✅ **DHA**[Docosa Hexaenoic Acid]
 생선의 몸체나 눈 뒷부분의 지방에 많이 포함돼 있는 고도불포화지방산의 일종. 뇌의 움직임을 활발하게 하고 콜레스테롤의 수치를 낮추며, 치매나 암을 예방하는 효과가 있다.

✅ **DM광고**[Direct-mail Advertising]
 예상고객에게 직접 우편으로 광고를 보내는 직접광고(direct advertising)의 방식.

✅ **DNA**[Deoxyribo Nucleic Acid]
 디옥시리보 핵산(核酸). 생명체의 유전자 본체.

✅ **DNS**[Domain Name System]
 인터넷에서 IP 주소를 국가 · 통신망 · 기관별로 분류 · 체계화한 방식.

✅ **DO**[Dissolved Oxygen]
 용존산소량. 물 속에 용해돼 있는 산소의 양.

✅ **DTP**[Desk Top Publishing]
 개인용 컴퓨터를 이용한 전자 출판시스템.

✅ **e-Book**[Electronic Book]
 인터넷으로 책 내용을 다운받아 읽는 전자책.

Q 다품종소량 생산시대의 유연성이 풍부한 자동화생산방식은?

✅ **EDI**[Electronic Data Interchange]
전자문서교환

✅ **EDPS**[Electronic Data Processing System]
데이터 처리장치, 전자정보처리 시스템

✅ **EEZ**[Exclusive Economic Zone]
배타적 경제수역

✅ **EPR제도**[Extended Producer Responsibility = **생산자책임재활용제도**]
제품 생산업체가 버려진 제품의 일정량을 직접 수거해 의무적으로 재활용하도록 하는 제도를 말한다.

✅ **EQ**[Emotional Quotient]
감정 지수. 감정을 이해하는 능력과 감정을 통제할 줄 아는 능력을 의미

✅ **ESA**[European Space Agency]
유럽우주기구. 유럽 공동으로 로켓이나 위성의 개발, 우주연구를 하기 위해 1975년 5월에 발족.

✅ **ESOP**[Employee Stock Ownership Plan]
종업원지주제도

✅ **FAQ**[Frequently Asked Questions]
자주 발생하는 질문과 그에 대한 답을 미리 정리해서 입력해 둔 파일.

✅ **FIFA**[Federation Internationale de Football Association]
국제축구연맹

✅ **FMS**[Flexible Manufacturing System]
다품종 소량생산을 위한 유연성이 풍부한 자동화 생산라인.

A FMS(Flexible Manufacturing System)

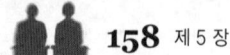

✅ **FOBS**[Fractional Orbital Bombardment System]
부분궤도수정폭격시스템 또는 궤도폭탄. 인공위성을 핵탄두의 운반수단으로 이용한 무기.

✅ **FRB**[Federal Reserve Board]
미국연방준비제도이사회

✅ **FTA**[Free Trade Agreement]
자유무역협정

✅ **FX**[Fighter Experimental]
우리나라의 공군력 증강과 국내 항공우주산업 육성을 위해 추진되고 있는 차세대 전투기 구매 및 생산 계획.

✅ **G+4**[G11]
기존의 G7에 중국 · 브라질 · 멕시코 · 오스트레일리아(또는 러시아) 등 4개국을 편입시켜 'G11'으로 확대하자는 개편론.

✅ **G8**[Group of Eight]
서방선진 7개국(미국 · 영국 · 독일 · 프랑스 · 일본 · 캐나다 · 이탈리아)과 러시아 정상간의 경제회담.

✅ **GB**[Giga Byte]
10억 바이트 상당의 정보단위. 1GB는 1024MB

✅ **GIS**[Geographic Information System]
국가지리 정보시스템

✅ **GMPCS**[Global Mobile Personal Communications Systems & Services]
범세계 개인휴대통신

Q 소비자대상의 전자상거래의 영문약자는?

✅ **GSP**[Government Selling Price]
정부공식판매가격. 산유국 정부가 설정하는 원유의 공식판매가격.

✅ **IAD**[Internet Addiction Disorder]
인터넷 중독증. 웨바홀리즘(Webaholism)이라고도 함.

✅ **IAEA**[International Atomic Energy Agency]
국제원자력기구

✅ **ICAO**[International Civil Aviation Organization]
국제민간항공기구

✅ **ICBM**[Intercontinental Ballistic Missile]
대륙간 탄도미사일

✅ **ICC**[International Chamber of Commerce]
국제상공회의소

✅ **ILO**[International Labour Organization]
국제노동기구

✅ **IMT**[International Mobile Telecommunication] **2000**
세계 어디서든 음성은 물론 동영상 데이터까지 시시각각 주고받을 수 있는 차세대 휴대전화 서비스.

✅ **IOC**[International Olympic Committee]
국제올림픽위원회

✅ **IPv6**[Internet Protocol Version 6]
차세대 표준 IP체계. 128비트로 10의 32승에 해당하는 주소를 조합해 낼 수 있어 IP부족 사태를 한번에 해결할 수 있는 방법.

🅰 B2C(Business-to-Consumer)

✅ **ISBN**[International Standard Book Number]
국제표준도서번호

✅ **ISDN**[Integrated Services Digital Network]
디지털 종합 정보 통신망

✅ **ISO**[International Organization for Standardization]
국제표준화기구

✅ **KEDO**[Korean Peninsula Energy Development Organization]
한반도에너지개발기구

✅ **L/C**[Letter of Credit]
신용장

✅ **LAN**[Local Area Network]
근거리정보통신망

✅ **LID 신드롬**[Loss Isolation Depression Syndrome]
핵가족화에 따른 노년층의 고독병

✅ **LSI**[Large Scale Integration]
고밀도 집적회로 또는 대규모 집적회로

✅ **M&A**[Merger and Acquisition]
기업 인수·합병

✅ **MBA**[Master of Business Administration]
경영학 석사학위 또는 동 학위취득자

✅ **MD**[Missile Defense]
미국의 미사일 방어구상. 미국 본토는 물론 해외주둔 미군, 동맹국 등

Q 인터넷 정보의 위치를 표시하기 위해 사용되는 주소는?

의 보호까지 포괄하는 확대된 개념.

✅ **MOA**[Memorandum of Agreement]
합의각서

✅ **MOS**[Moving Office System]
휴대용 컴퓨터와 본사 전산망을 연결해 직원들이 회사에 들어오지 않고도 영업망을 구축해 운영하는 근무체제

✅ **MP3**[Mpeg Player 3]
고음질 오디오 영상 압축파일 저장방식의 하나. CD와 같은 음질로 일반 CD 50배 분량의 음반을 복제 · 전송

✅ **MRO**[Maintenance Repair Operation]
유지(Maintenance), 보수(Repair), 운영(Operation)의 약자로 기업의 소모성 자재를 말함.

✅ **MSF**[Medecins Sans Frontieres]
국경 없는 의사회

✅ **NASA**[National Aeronautic and Space Administration]
미항공우주국

✅ **NGO**[Non-Government Organization]
비정부기구 또는 비정부단체

✅ **NIE**[Newspaper in Education]
'교육에 신문을 활용하자' 는 취지의 교육운동

✅ **NPT**[Treaty on the Non-Proliferation of Nuclear Weapons]
핵확산금지조약

A URL(Uniform Resource Locator)

✅ **O-157**
사람이나 동물의 장관(腸管)에 서식, 설사나 복통 등을 일으키는 병원성 대장균의 일종.

✅ **OECD**[Organization for Economic Cooperation and Development]
경제협력개발기구

✅ **OEM**[Original Equipment Manufacturing]
주문자상표부착

✅ **OJT**[On-the-Job Training]
직무를 수행하면서 직무를 통해 실시하는 교육훈련.

✅ **OPEC**[Organization of Petroleum Exporting Countries]
석유수출국기구

✅ **PGA**[Professional Golfers' Association of America]
미국프로골프인협회

✅ **PKO**[Peace-keeping Operation]
유엔평화유지활동

✅ **PLO**[Palestine Liberation Organization]
팔레스타인 해방기구

✅ **POP광고**[Point of Purchase Advertisement]
구매시점(購買時點)광고. 구매되는 장소에서의 광고, 곧 소매점을 단위로 한 광고를 지칭한다.

✅ **PPL**[Product Placement]
영화나 드라마 등에서 등장인물이 사용하는 옷이나 가구, 거리풍경 등에 특정 브랜드를 등장시켜 상품광고를 하는 것.

🅀 베이컨의 4대 우상은?

⊘ **PPM**[Parts Per Million]
100만 분의 1을 나타내는 용어. 환경오염과 같이 극히 적은 물질의 양을 표시할 때 주로 사용.

⊘ **PPP**[Polluter Pays Principle]
오염자(汚染者)부담원칙

⊘ **R&D**[Research and Development]
연구개발

⊘ **RPM**[Revolution Per Minute]
내연기관의 효율을 나타내는 지표 중 하나. 1분간의 회전수를 의미한다.

⊘ **SI**[Store Identity]
기업의 매장이미지 통일화 작업

⊘ **SIS**[Strategic Information System]
전략정보시스템.

⊘ **SOC**[Social Overhead Capital]
사회간접자본

⊘ **SOFA**[Status of Forces Agreement]
한미행정협정

⊘ **START**[Strategic Arms Reduction Talks]
전략무기감축협상

⊘ **SYSOP**[System Operator]
전자 게시판 운영자

A 종족, 동굴, 시장, 극장우상

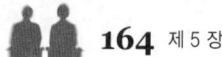

✅ **TC**[Traveler's Check]
여행자 수표

✅ **TFT-LCD**[Thin Film Transistor-liquid Crystal Display]
트랜지스터 초박막액정 표시장치

✅ **TMD**[Theater Missile Defence]
미국이 동서냉전 종식 후 내걸고 있는 전역미사일 방위구상

✅ **URL**[Uniform Resource Locators]
찾고자 하는 파일이 어느 사이트의 어떤 서버에 있는지를 확실하게 지정해 주는 기능을 가진 것.

✅ **VAN**[Value Added Network]
부가가치 통신망

✅ **VDSL**[Very high-bit-rate-digital Subscriber Line]
초고속 디지털 가입자 회선

✅ **VDT증후군**[Visual Display Terminal Syndrome]
컴퓨터단말기, 개인용컴퓨터(PC), CAD · CAM시스템 등의 디스플레이 화면을 이용해 데이터 입력작업, 자료 등의 분석 작성, 편집 · 수정 · 프로그래밍을 하는 과정에서 발생하는 신체기능장애.

✅ **WEF**[World Economic Forum]
다보스포럼. 세계 각 국의 거대기업 대표 및 각료급 이상 인사와 학자들이 범세계적 당면과제들에 대해 토론하고 국제적 실천과제를 모색하는 회의.

✅ **WTO**[World Trade Organization]
세계무역기구

Q 바늘 24개의 단위는?

✅ WWW[World Wide Web]
인터넷망에서 정보를 쉽게 찾을 수 있도록 고안된 방법 또는 세계적인 인터넷망.

경제 · 경영 · 마케팅

✅ 경제원칙(經濟原則 ; economic principle)
최소의 비용이나 희생으로 최대의 효과(만족)를 얻으려는 행동원리를 말한다. 이를 경제주의(經濟主義)라고도 하는데, 최대효과원칙 · 최소희생원칙 · 최대잉여원칙의 셋으로 구분된다.

✅ 수정자본주의(修正資本主義)
자본주의가 고도로 발달함에 따라 공황과 불완전고용, 노사 대립 등의 폐해가 발생하게 되자 자본주의의 근본원칙인 생산수단의 사유제도와 사회구조는 그대로 두고, 독점 제한 또는 금지, 부당경쟁 금지, 사회보장제도, 공공투자정책 등으로 자본주의의 모순을 완화하려고 하는 일종의 통제경제정책이다. 이 이론의 주창자는 케인스(J. M. Keynes)이며, 대표적 예로는 1920년대 미국의 뉴딜 정책(New Deal Policy)과 영국 노동당의 산업국유화정책, 1930년대 독일의 국가사회주의 징책 등이 있다.

> **케인스** 영국의 경제학자. 제1차 세계대전 후 금본위제도로의 복귀를 반대, 관리통화제도를 제창한 그의 「고용 · 이자 및 화폐의 일반이론」은 종래의 경제학을 혁신하는 이론체계를 확립하였다.

✅ 엥겔의 법칙(Engel's law)
독일의 통계학자 엥겔이 발견한 법칙으로 가난한 가정일수록 전체의 생계비 중에서 음식물비가 차지하는 비율이 높다는 것이다. 즉, 소득이 증가함에 따라 음식물비가 차지하는 비율은 감소하고, 피복비와 주거비 · 광열비의 비율은 대체로 불변이나, 문화비(교육 · 위생 · 교통 · 통신비 등의 잡비)의 비율은 증가한다는 이론을 말한다.

엥겔 계수 총생계비 중 음식물비가 차지하는 비율로, 엥겔 계수는 생활수준이 높을수록 낮고, 생활수준이 낮을수록 높다. 1인당 국민소득과 함께 생활수준을 표시하는 데 주로 쓰인다.

✅ 보이지 않는 손(invisible hand)

자본주의 사회에서는 시장에서 결정되는 가격은 외부의 간섭 없이도 수요와 공급을 일치시키며, 그에 따라 공급량과 수요량을 결정하는 기능을 가진다. 스미스는 가격의 이와 같은 자동조절 기능을 '보이지 않는 손'이라고 풀이하였다. 무수한 경제주체가 가격을 지표로 하여 합리적으로 이윤을 추구하는 경제활동을 할 때 국민경제는 조화를 이루면서 발전한다는 주장으로, 자유주의 경제의 사상적 기초가 되었다.

자유방임의 원칙 자유방임의 원칙을 체계적으로 설명한 이는 근대 경제학의 시조인 스미스이며, '보이지 않는 손'도 그의 저서 「국부론」에서 언급된 말이다.

✅ 수요의 법칙(law of demand)

소비자들이 합리주의적 원칙에 따라 행동을 하기 때문에 어떤 상품의 가격이 오르면 수요량은 줄고, 가격이 하락하면 그와 반대로 수요량이 늘어나는 관계, 즉 상품가격의 등락이 수요량의 변동을 일으킴을 말한다. 그러나 현대사회는 욕망상태에 따라 수요가 변하고, 쇠고기 같은 경우 소비자들의 소득 수준이나 기호의 변화에 따라 수요량이 달라지는데, 이런 요소들이 수요량에 아무런 영향도 주지 않는다는 가정 아래 수요의 법칙이 논의된다.

✅ 유효수요(有效需要 ; effective demand)

단순한 욕망만이 아니라 현실적으로 구매력을 가진 수요, 즉 금전적 지출을 수반한 수요를 말한다. 따라서 유효수요를 증가시키려면 국민소득을 높여야만 한다. 구매력과는 관계없이 물건을 갖고자 하는 절대적 욕구인 절대수요에 대립되는 개념으로서, 특히 케인스의 경제학에서 경기회복 완전고용의 실현, 국민소득의 증가를 위한 가장 중요한 요소로 되어 있다. 종래의 판로설인 '세이(Say)의 법칙'에 대립된다.

잠재수요 돈이 있어도 물자통제 때문에, 또는 가격이 싸지거나 소득이 증가하면 사겠다는 등의 사정으로 표면에 나타나지 않은 수요를 말한다.

✅ 공급의 법칙(law of supply)

생산업자는 자기 제품의 시장가격이 높아지면 가동률을 높이거나 시설규모를 확장함으로써 생산량을 늘려 이윤을 극대화시키려 하고, 반대로 시장가격이 떨어지면 산출량을 줄인다. 따라서 어떤 상품의 가격이 오르면 공급량은 늘고, 가격이 떨어지면 공급량이 줄어드는 현상이 나타난다. 이 현상을 공급의 법칙이라 한다.

공급의 법칙에 대한 예외 ① 가격이 앞으로 더욱 오르리라고 예상될 때에는 팔기를 꺼려하여 공급량은 오히려 줄게 된다. ② 노동자가 임금이 인상되어 생활이 넉넉해지면 임금이 올라가도 노동의 공급량은 줄어든다.

✅ 생산비 체감(體感)의 법칙

생산량이 증가함에 따라서 생산품의 평균비용이 낮아지는 것을 말한다. 평균비용이 낮아지는 주된 원인은 생산량의 증가에 따라 노임·원료 등 변동비용은 증가하지만, 기계설비·토지 등의 고정비용은 일정함으로써 생산단위당 고정비용(평균 고정비용)이 낮아지기 때문이다. 따라서 대량 생산이나 대규모 생산이 시장에서 유리하게 된다.

생산비 체증의 법칙 산출량의 증가에 따라 변동비용이 커지고 평균비용이 증가하는 것을 말한다.

✅ 가변자본(可變資本 ; variable capital)

생산자본 중에서 노동력의 구입에 사용되는 자본, 즉 임금 등으로 지출되는 자본을 말한다. 자본의 인적 요소인 노동력에 대한 임금으로 투입되는 부분은 생산과정에서 그 가치의 크기가 변화된다.

잉여가치 노동자가 생산한 생산물의 가치와 노동자에게 주는 임금과의 차액으로, 이는 불로소득, 곧 기업이윤과 지대·이자 같은 소득의 원칙이 된다.

A 동거살이

✅ 한계효용균등(限界效用均等)의 법칙

일정한 소득을 가진 소비자가 여러 가지 재화를 소비하려는 경우, 재화의 소비에 비하여 얻어지는 주관적인 만족의 정도, 즉 효용의 극대화를 원한다. 이때 효용이 극대화되게 하기 위해서는 각 재화의 한계효용이 균등하게 되도록 재화의 소비를 분배하는 것이 가장 유리하다는 이론이다. '고센의 제2법칙' 또는 '극대 만족의 법칙', '현명한 소비법칙' 이라고도 한다.

✅ 그레샴의 법칙(Gresham's law)

16세기 영국의 재정가 그레샴이 주장한 것으로 '악화(惡貨)가 양화(良貨)를 구축(驅逐)한다(Bad money drives out good money.)'는 이론이다. 즉, 한 나라 안에서 실질가치가 다른 두 가지 이상의 화폐가 같은 명목가치로 유통될 경우, 실질가치가 우량한 화폐(良貨)는 녹여서 지금(地金)으로 하거나 저장·유폐·국외유출로 말미암아 시장에서 자취를 감추고 실질가치가 나쁜 악화(惡貨)만이 유통된다는 법칙이다.

✅ 평가절하(平價切下)·평가절상(平價切上)

외화의 수요와 공급이 균형을 이루지 못할 때 환율을 인상하거나(평가절하) 인하하는(평가절상) 것으로, 평가절하를 하면 수출증대·수입감소·물가상승의 영향이 오고, 평가절상을 하면 반대로 수출감소·수입증대·물가안정이 온다. 다시 말하면, 평가절하를 하면 외화표시 수출가격은 그만큼 싸지므로 해외수요가 전보다 증대하여 수출이 늘고, 수입품의 자국화폐 표시가격은 등귀하므로 수입은 감소한다. 따라서 국제수지의 적자가 시정되는 현상이 있다. 다만 평가절하는 수입원료의 가격 상승, 그것을 사용한 수출품 가격의 상승이라는 2차 효과를 가져와 절하효과를 상쇄한다는 것에도 주의를 요한다. 평가절상은 이와는 정반대 현상으로 보면 된다.

> 1. **환율인상 = 평가절하** 화폐 단위의 가치를 내리는 일.
> 2. **환율인하 = 평가절상** 화폐 단위의 가치를 올리는 일.

✅ 관리통화제도(管理通貨制度 ; managed currency system)

통화 관리인 정부나 중앙은행이 금준비를 고려하지 않고 통화의 발행량을 경제사정에 따라 합리적으로 통제 · 관리하는 제도이다. 이의 목적은 통화량 조절로 물가를 안정시키는 데 있다. 통화량의 조절수단으로는 발행고 조작, 공개시장 조작, 지급준비율 조작, 재할인율정책(금리정책) 등이 있다. 금본위제도에 상대되는 것으로 케인스가 주장한 은행주의에 입각한 제도이다.

중앙은행의 통화조절정책 공개시장정책 · 지급준비율정책 · 재할인율정책

✅ 통화량(通貨量)
일정한 시점에 민간이 보유하고 있는 현금통화와 통화성예금(예금통화)의 합계를 말한다. 우리나라 화폐의 민간보유량은 한국은행에서 발행된 한국은행권 및 주화의 총액에서 전체 금융기관이 보유하고 있는 순현금을 뺀 것이다. 통화성예금은 전체 금융기관에 예입되어 있는 민간 및 지방자치단체의 당좌예금과 요구불예금의 합계액에서 전체 금융기관이 보유한 채 아직 청산되지 않고 있는 수표 및 어음액을 뺀 것이다.

통화량=현금통화+통화성 예금(예금통화 · 요구불예금)

✅ 리디노미네이션(Redenomination)
화폐액면단위변경을 말한다. 화폐단위를 1000대 1, 100대 1 등의 식으로 바꾸는 것.

✅ 임팩트 론(impact loan)
국내자금으로는 합리적인 자금조달이 이루어지지 않을 뿐만 아니라 국내자금을 사용함으로써 인플레이션을 일으킬 염려가 있을 경우에 들여오는 외국차관을 말한다. 즉 인플레의 충격을 피하면서 국가경제를 안정적으로 이끌기 위해 들여오는 외국차관을 말한다. 임팩트론은 용도에 규제가 없는, 즉 조건부가 아닌 외국차관이다.

✅ 벤처 캐피털(venture capital ; 모험자본)
고도의 기술을 갖고 있어 장래성은 있으나 아직 경영기반이 약해 일반 금융기관에서는 융자받기 어려운 벤처 비즈니스(첨단기술 · 신기술)에 대해 투자를 실시하는 기업 혹은 이러한 기업의 자본 그 자체를 가리킨다.

A 이데아 사상

✅ 내부자 거래(内部者去來 ; insider's trading)

상장회사의 임직원 또는 대주주가 그 직무나 직위 덕택에 얻은 내부 정보(기업합병 · 증자 · 자산재평가 · 신규투자계획 등)를 이용하여 자기 회사의 주식을 매매, 부당이득을 얻는 것을 말한다. 내부자 거래는 건전한 증권시장의 발전을 저해하는 독버섯이어서 각국에서 규제조치를 마련하고 있다.

✅ 코스닥시장(KOSDAQ ; Korea Securities Dealer Automated Quotation)

미국의 나스닥(NASDAQ) 시장을 모델로 증권업협회가 1996년 7월부터 조직해 운영하는 시장으로 협회중개시장이라고도 하며, 거래소시장과는 다른 별도의 시장이다. 증권업협회는 비상장기업 중 성장성과 기술력을 갖춘 기업들이 등록하도록 하고 이들 기업이 발행한 주식이 일정한 질서 하에서 거래되도록 시장을 운영하고 있다.

✅ 국내총생산(國内總生産 ; GDP ; gross domestic product)

내 · 외국인을 막론하고 일정한 기간(보통 1년) 동안 국경 내에서 생산한 최종 재화와 용역의 합계를 말한다. 따라서 완전한 봉쇄경제에서는 GNP와 GDP가 똑같으나 개방경제일 때에는 해외에 투자를 많이 하면 GNP가 GDP보다 크며, 외국인 투자가 많이 들어와 있으면 GDP가 GNP보다 크다. 해외에서 순소득이 많은 나라는 국내 경제활동조사에 GNP보다 GDP를 쓴다.

✅ 인플레이션(inflation)

전반적으로 물가가 상당기간 지속적으로 상승하는 경제현상을 말한다. 원인은 과잉투자, 적자재정, 화폐남발, 극도의 수출초과, 생산비 증가, 유효수요의 확대 등이며, 그 타개책은 소비억제, 저축장려, 통화량 수축, 생산증가, 투자억제, 대부억제, 매점 · 매석 · 폭리의 단속 등이다. 인플레이션 현상이 일어날 때 유리한 사람은 산업자본가 · 부동산이나 기타 실물소지자 · 채무자 · 생산업자 · 수입업자 등이고, 불리한 사람은 봉급 생활자 · 채권자 · 금융자본가 · 은행예금자 · 수출업자 · 소비자 등이다. 종래에는 인플레이션이 곧 통화팽창이라고 보았으나, 근래에는 통화팽창을 인플레이션의 한 부분으로만 보고 있다.

⊘ 경제 4단체(經濟四團體)

재계의 이익을 대변하고 대(對)정부 압력단체로서 역할을 하는 단체들이다. 전국경제인연합회(전경련), 대한상공회의소, 무역협회, 중소기업협동조합중앙회를 지칭하는데, 그 중 전경련만이 순수 민간단체이고 나머지 3단체는 법정단체 내지 반관반민(半官半民)적 단체이다.

⊘ 다국적기업(多國籍企業 ; multinational corporation)

세계 각 국에 제조·영업·판매거점을 가지고 국가적·정치적 경계에 구애받지 않고 세계적인 범위와 규모로 영업을 하는 기업을 말한다. 국내활동과 해외활동의 구별 없이 이익획득을 위한 장소와 기회만 있으면 어디로든지 진출한다.

⊘ 종업원지주제(從業員持株制 ; employee stock ownership plan)

종업원에게 자사주를 취득시켜 이익배당에 참여하게 하는 제도이다. 회사로서는 안정적 주주를 늘리게 되고 종업원의 저축을 회사의 자금원으로 할 수 있다. 종업원도 매월의 급여 등 일정액을 자금화하여 소액으로 자사주를 보유할 수 있고, 회사의 실적과 경영 전반에 대한 의식이 높아지게 된다.

⊘ 시뮬레이션(simulation ; 모의실험)

실제와 같은 모델이나 상태를 만들어 모의실험을 하는 것을 말한다. 기업의 경영전략, 각종 경제예측, 선박·항공기의 설계 등에 이 수법이 이용된다. 또 매크로(macro) 경제 모델에 의한 시뮬레이션은 현실 경제 구조나 경제행동의 인과관계를 수학적·통계학적 수법에 의해 함수나 방정식으로 표시하여 이를 계량모델로 사용한다.

⊘ 3S운동

생산성의 향상, 품질의 개선을 강력히 추진하기 위해서 standardization(제품·부품의 규격과 종류를 표준화)·simplification(작업의 단순화)·specialization(직장·노동의 전문화) 등을 기업 내에서 실행하려는 경영합리화 운동을 말한다.

> 3S=표준화·단순화·전문화

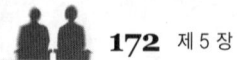

✔ 녹다운 방식(knockdown system)
녹다운은 '조립'을 뜻하는데, 완성품이 아닌 부품을 수출, 현지에서 조립하여 판매하는 방식을 말한다. 자동차 산업에 이 방식이 자주 쓰인다.

✔ 클레임(claim)
무역거래에서 수출·수입상인이 매매계약조항에 대한 위반행위에서 생기는 불평과 불만 또는 의견차이를 상대방에게 제기하는 것을 말한다. 품질불량·선적 기일 지연·수수료 미불 등으로 클레임이 제기되는데, 이때 생긴 분쟁으로 인한 배상문제는 당사자간의 타협에 의해 해결하는 방법과 제3자의 중재에 의해 해결하는 방법, 나아가서는 헤이그에 있는 국제사법재판소에 제소하여 해결하는 경우도 있다. 클레임을 제기한 피해 당사자를 클레먼트(claimant), 책임을 져야 할 당사자를 클레머(claimer)라 한다.

✔ OECD(Organization for Economic Cooperation and Development ; 경제협력개발기구)
주요 선진공업국들이 경제성장, 저개발국원조, 세계무역의 확대를 추구하기 위하여 1961년 9월 30일 유럽경제협력기구(OEEC)를 발전적으로 해체, 창설한 국제기구를 말한다. 그 목적은 ① 재정금융상의 안정을 유지하면서 고용·생활수준 향상을 도모하고 세계경제의 건전한 발전에 기여한다. ② 세계무역의 다각적이고 차별 없는 확대에 공헌한다 등이다.

OECD에는 경제정책위원회, 개발원조위원회, 무역위원회 등 모두 26개 산하위원회가 있다. 현재 회원국은 주요 선진국 29개국이며, 우리나라는 1996년에 정식으로 가입했다. 이 기구에 가입한다는 것은 일반적으로 선진국이 되었다는 것을 의미한다.

✔ EC(European Community ; 유럽공동체)
유럽경제공동체(EEC)·유럽석탄철강공동체(ECSC) ·유럽원자력공동체(EURATOM)의 집행기관 통합에 따른 3개 공동체의 총칭으로, 유럽의 경제통합·정치통합에 목적을 둔 국제조직이다. 1967년 발족 당시에는 가맹국이 3공동체 회원국인 프랑스·독일·이탈리아·벨기에·네덜란드·룩셈부르크의 6개국이었다. 그 후 1973년 영국·아일랜드·덴

마크가 가입해 확대 EC가 되었고, '81년에 그리스, '86년에 스페인 · 포르투갈이 추가 가입했고, 2004년 총 25개국이 되었다.

✅ 핫 머니(hot money)

각 국간 단기금리의 차이, 환율의 차이에 의한 이익을 획득할 목적으로 국제금융시장을 이동하는 매우 불안정한 단기자금을 말한다. 투기적 이익을 목적으로 하는 것과 국내통화의 불안을 피하기 위한 자본도피 등 두 가지가 있다. 핫 머니의 특징은 ① 자금이동이 일시에 대량으로 이루어진다는 점, ② 자금이 유동적인 형태를 취하는 점이다. 따라서 핫 머니는 외환 수급관계를 크게 동요시키며 국제금융시장에 대한 안정을 저해한다.

✅ 기준원유(基準原油)

세계 원유거래의 기준으로 삼은 표준 원유를 기준원유라 한다. 각 국에서 산출되는 원유는 품질이 다르므로 실제거래에서 OPEC(석유수출국기구)는 수량이 많다는 이유로 1973년 이후 사우디아라비아의 아라비안라이트(Arabian light)를 기준 원유로 해왔는데, 미국의 서부 텍사스 중질유인 WTI유도 기준원유의 하나이다. 세계 3대 유종인 WTI유(미국 텍사스) · 브렌트유(영국 북해) · 두바이유(아랍에미레이트 두바이 지역) 중 원유수입의 대부분을 중동에 의존하고 있는 우리나라는 두바이유의 시세에 엉향을 받는다.

✅ 무디스(Moody's)

미국 뉴욕에 소재하고 주로 출판물을 통해 투자자들에게 투자에 관한 정보나 조언을 제공하는 것을 주요업무로 하고 있는 세계적인 신용평가 기관의 하나이다. Moody's Bond Survey, Moody's Bond Record 등을 발행함으로써 미국 내에서 가장 많은 증권을 대상으로 하여 투자에 관한 정보를 제공하고 있다.

✅ 공적자금(公的資金)

정부가 기업이나 금융기관의 구조조정을 지원하기 위해 마련한 재정자금을 말한다. 공적자금은 기업부도 등으로 회수가 불가능한 부실채권이 많은 은행으로부터 부실채권을 싼값에 사주고, 정부가 은행에 출자하

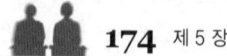
여 자본금을 늘려줌으로써 건실한 은행으로 새롭게 탄생할 수 있도록 도와주는 데 쓰인다.

✅ 출자총액제한제도(出資總額制限制度)

기업이 회사 자금으로 다른 회사의 주식을 매입하여 보유할 수 있는 총액을 제한하는 제도. 정부가 출자총액 제한을 하는 것은 재벌그룹들이 기존 회사의 자금으로 또 다른 회사를 손쉽게 설립하거나 혹은 타사를 인수함으로써 기존업체의 재무구조를 악화시키고 문어발식으로 기업을 확장하는 것을 방지하기 위해서이다.

✅ 집단소송제도

기업의 주가조작, 허위공시, 분식회계 등으로 소액주주들이 피해를 보았을 경우 이를 법적으로 구제하기 위한 제도의 한가지로 피해를 본 소액주주 가운데 한 명이 해당기업을 상대로 소송을 제기해 승소하면 똑같은 피해를 본 나머지 투자자는 별도의 소송없이 피해를 보상받을 수 있다.

✅ FTA(자유무역협정 ; Free Trade Agreement)

국가간 상품의 이동을 자유화시키는 협정으로 이 협정을 채결한 국가들은 관세나 쿼터제도를 통한 무역장벽을 완전히 없앰으로써 하나의 국가처럼 자유로운 상품교역이 이루어진다. FTA가 체결되면 당사국간에는 관세율이 제로수준으로 낮춰지고 무역장벽(trade barriers)도 없어져 투자(investment)나 services 및 경쟁시장이 상호 개방된다. 우리나라의 FTA 첫 대상국은 칠레이다.

✅ 뮤추얼펀드(mutual fund)

뮤추얼펀드는 투자규모가 상대적으로 적은 개인투자가들에게 전문적인 관리체계에 의한 다양한 투자방법을 제공하기 위한 목적으로 시작한 미국 투자신탁의 주류 펀드 형태. 뮤추얼펀드란 페이퍼컴퍼니(paper company)에 투자하면 주주가 되는데 이렇게 모아진 막대한 투자자금을 전문가들이 운용하게 된다.

Q 조선시대 국가 재정의 3정이란?

✅ 기업공개(going public)

증권거래법 등의 규정에 의하여 주식회사가 발행한 주식을 일반투자자에게 균일한 조건으로 공모하거나, 이미 발행되어 대주주가 소유하고 있는 주식의 일부를 매출하여 다수의 주주에게 주식이 분산되는 것을 뜻한다. 즉, 소수의 대주주가 소유한 주식을 다수의 일반대중에 분산시켜 당해 기업의 주식이 증권시장을 통하여 자유롭게 거래되도록 함으로써 자금조달의 원활을 기하고, 자본과 경영을 분리하여 경영합리화를 도모하는 것이다.

✅ 헤지펀드(Hedge fund)

개인 모집 투자신탁. 100명 미만의 투자가들로부터 개별적으로 자금을 모아 파트너십(partnership)을 결성한 뒤, 조세 회피지역에 위장거점을 설치해 자금을 운영하는 투자신탁이다. 헤지펀드는 파생금융상품을 교묘히 조합해 도박성이 큰 신종 상품을 개발, 국제금융시장을 교란시키는 하나의 요인으로 지적되고 있다. 특히 전세계 헤지펀드 가운데 절반 이상을 차지하는 조지 소로스의 퀀텀그룹이 유명하다.

✅ 워크아웃(기업가치회생작업 ; workout)

보통 '기업개선작업'으로 번역된다. 워크아웃은 경제적 회생가능성은 있으나 재무적으로 곤경에 처한 기업이 대상이 된다. 워크아웃의 목적을 달성하기 위해서는 우선 해당 기업이 금융기관에 대한 부재상환의 노력을 하여야 한다. 그러나 대부분의 경우 기업 자력만으로는 이것이 불가능하기 때문에 부채 상환을 유예하고 빚을 탕감해 주며, 필요에 따라서는 신규 자금도 지원해야 하는 등 금융기관의 손실 분담이 필요하게 된다. 따라서 주주들의 감자 및 유상증자, 대주주 사재 출연 등의 과정이 선행된 연후에 금융권의 자금 지원이 이루어진다.

✅ OJT(On the Job Training)

일반적으로 직장내 교육이라고 번역되어 일의 수행 과정을 거치면서 일의 효과적인 완성에 필요한 지식, 기술(기능), 태도에 대해서 계획적으로 상사가 부하에게 행하는 교육 훈련을 의미한다. OJT는 끊임없이 변화하는 제 조건에 대응한 적절한 판단력을 구사해서 효율적으로 목표를

달성할 수 있도록 일의 사이클인 P-D-S(Plan-Do-See)에 따라서 실시하여야 한다. 일반적으로 신입사원 시절 부서를 순회하면서 받은 교육을 OJT라 부르기도 한다.

✅ 싱크탱크(think tank)

무형의 두뇌를 자본으로 하여 영위되는 기업이나 연구소를 말한다. 두뇌집단·두뇌공장·두뇌회사라고도 한다. 미래지향적이며 소프트웨어적인 것이 특징이며, 단순한 아이디어나 신제품 개발이 아닌 빅 사이언스(우주개발·해양개발)나 사회개발(공해방지·도시개발) 등과 같은 보다 복합적 기술이나 시스템의 개발을 대상으로 한다.

✅ 글로벌마케팅전략(global marketing strategy)

글로벌마케팅전략에는 현지화주의(現地化主義)와 글로벌(global) 통합화주의의 두 가지가 있다. 전자는 현지국의 시장환경, 경제환경, 문화 사회환경이나 국가주의의 요구에 마케팅활동을 가급적 적응시키는 전략으로서 상대국의 특수성에 따라 다른 마케팅전략을 택하는 것이고, 후자는 글로벌한 입장에서 해외기업의 마케팅전략을 표준화하고 통일해 가는 전략이다.

✅ 고객만족 경영(CSM ; customer satisfaction Management)

고객만족(CS)이란 고객이 제품 또는 서비스에 대해 원하는 것을 기대 이상으로 충족시켜 감동시킴으로써 고객의 재구매율을 높이고, 그 제품 또는 서비스에 대한 선호도가 지속되도록 하는 경영전략을 말한다.

정치·통일·외교·세계

✅ 새정부 [12대 국정과제] 선정

제16대 '참여정부'가 3대 국정목표와 4대 국정원리, 그리고 한반도 평화체제 구축, 동북아 경제 중심국가 건설, 자유롭고 공정한 시장질서 확립 등을 골자로 한 '12대 국정과제'를 확정, 발표했다. 이들 국정과제는 노무현 대통령의 대선 공약을 집대성한 것으로 남북문제를 비롯, 정치, 경제, 사회, 교육 등 모든 부문이 총망라되어 있다.

1. 3대 국정목표

① 국민과 함께 하는 민주주의 ② 더불어 사는 균형발전 사회 ③ 평화와 번영의 동북아 시대

2. 4대 국정원리

① 원칙과 신뢰 ② 공정과 투명 ③ 대화와 타협 ④ 분권과 자율

3. 12대 국정과제

- **외교 · 통일 · 국방분야** – ① 한반도 평화체제 구축
- **경제분야** – ② 자유롭고 공정한 시장질서의 확립 ③ 동북아 경제 중심국가 건설 ④ 과학기술 중심사회 구축 ⑤ 미래를 열어가는 농어촌
- **정치 · 행정분야** – ⑥ 부패 없는 사회 봉사하는 행정 ⑦ 지방분권과 국가 균형발전 ⑧ 참여와 통합의 정치개혁
- **사회 · 문화 · 여성분야** – ⑨ 참여복지와 삶의 질 향상 ⑩ 국민통합과 양성평등의 실현 ⑪ 교육개혁과 지식문화 강국 실현 ⑫ 사회통합적 노사관계 구축

✅ 국가인권위원회

국가인권위원회법이 2001년 4월 국회를 통과함에 따라 국민들은 공권력에 의한 인권침해와 직장 등에서 받은 부당한 차별에 대해 독립적인 기관을 통해 구제받을 수 있게 되었다. 국회입법과정에서 국가인권위원회의 조사대상과 수단 등에 상당한 제약이 가해졌지만 검찰 · 경찰 등 국가공권력의 인권침해행위를 조사하고 제재할 수 있는 최소한의 보루가 생겼다는 점에서 역사적인 의미를 지닌다. 2001년 11월에 정식으로 발족되었다.

✅ 민주정치(democracy)

민주주의에 의거한 정치 형태로, 국가의 주권이 국민에게 있고, 국민의 의사에 의하여 운용되는 정치를 말한다. 기본적 인권 · 자유권 · 평등권 또는 다수결 원리 · 법치주의 등이 그 주된 속성이다. 국민이 직접 정치에 참여하는 직접민주제와 국민의 대표에 의해 통치되는 간접민주제

가 있으나, 모두 의회제와 권력분립 등을 수반하는 국민의 정치참여를 뜻한다. 군주정치 · 독재정치 · 전제정치는 민주정치와 상대되는 정치형태이다.

민주정치의 3대 원리 국민자치 · 입헌주의 · 권력분립

✅ 3권분립(separation of the three powers)
국가의 통치권을 입법 · 행정 · 사법의 셋으로 나누어 분리하고, 독립기관인 국회 · 정부 · 법원에 맡김으로써 상호 견제와 균형을 통해 권력의 남용을 막고 국민의 자유와 권리를 보장하려는 정치조직의 원리이다.

✅ 국체(國體)와 정체(政體)
국체는 그 나라의 주권이 누구에게 있는가, 즉 공화국인가 군주국인가에 의해 구분되는 것을 말하며, 정체는 그 나라의 주권 행사 방식이 입헌적인가 전제적인가에 의해 구분되는 것을 말한다. 우리나라는 헌법 제1조 제1항에 국체는 '공화', 정체는 '민주'임을 밝히고 있다.

✅ 사회계약설(theory of social contract)
사회생활을 자연상태와 사회상태로 구분하여, '국가란 자유롭고 평등한 사람들끼리 서로 계약을 맺어서 만든 것'이라는 국가 발생학설로서, 이 사상의 싹은 고대의 헤브라이나 그리스에서 비롯하였으나, 특히 17~18세기에 홉스(T. Hobbes) · 로크(J. Locke) · 루소(J. J. Rousseau) 등의 자연법학자들에 의하여 학술적으로 완성되었다. 이는 프랑스 혁명과 미국 독립의 원동력이 되었고, 근대 민주주의 발전에 큰 영향을 주었다. 국가계약설, 민약설이라고도 한다.

✅ 인권선언(人權宣言)
봉건적 특권계급에 대한 근대 시민계급의 자유와 평등의 권리를 천명한 것으로서 1789년 프랑스 혁명 당시 라파예트(Lafayette)가 기초한 '인간 및 시민의 권리선언(인권선언)'을 국민회의 결의에 의해 발표한 것이다. 영국의 권리장전, 미국의 독립선언과 더불어 근대 시민정치의 3대 선언으로 알려져 있다. 권리선언이라고도 한다.

페르소나 논 그라타(persona non grata)

'호감이 가지 않는 인물'이란 뜻의 라틴어로 외교사절의 접수국에서 기피하는 인물을 말한다.

치외법권(extraterritoriality)

다른 나라의 영토 안에 있으면서도 그 나라의 통치권의 지배를 받지 않는 국제법상의 권리를 말한다. 일반적으로 외국인은 거주국의 권력작용을 받으나 국제관례나 외교관에 관한 조약에 의하여 국가원수·외교사절은 치외법권을 가지며, 영사관·체류중인 군함 및 군인에게도 어느 정도 이것이 인정된다. 국제사법재판소의 재판관, UN 사무총장, 전문기관 사무국의 수뇌자 등에게도 일정 범위에서 치외법권이 인정된다.

주민소환제

주민소환제는 지역 주민 스스로 지방의원, 지방자치단체의 장 또는 공무원을 임기중이라도 해산·해직을 결정할 수 있는 제도이다. 일본, 미국, 독일 등 외국에서는 이미 일반화돼 지방의회 해산 청구, 의원 해직 청구, 지방자치단체장 해직 청구, 주요 공무원 해직 청구 등 광범위하게 주민소환권이 인정되고 있다. 소환제는 주민이 선거를 통해 지방공직자를 선출, 그 책임과 권한을 부여한 만큼 뇌물수수나 잘못된 행정 등으로 그 의무를 지키지 못한 공직자의 권한을 제한하거나 해임시킬 수 있는 권리 역시 수민에게 있다는 논리에서 출발한다.

캐스팅 보트(casting vote)

의회의 표결에서 가부동수일 때 의장이 던지는 결정권 투표, 또는 2대 정당의 세력이 거의 같을 때 그 승패를 결정하는 제3당의 투표를 말한다. 우리나라에서는 이를 인정하지 않고 가부동수인 때에는 부결된 것으로 간주한다.

필리버스터(filibuster)

의사방해 또는 의사진행방해라고도 하는데, 의회에서 소수파 의원들이 다수파의 독주를 막거나 기타 필요에 따라 의사진행을 견제하기 위해 합법적인 수단을 동원해 의사진행을 고의적으로 방해하는 일을 말한다.

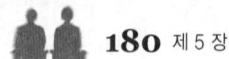

✅ 소선거구제(minor constituency)

한 선거구에서 한 사람의 대표를 선출하는 제도를 말한다. 이 제도는 군소정당의 난립을 방지하고 정국의 안정을 도모할 수 있으며, 선거인들의 후보자 선별이 용이하여 그에 따른 후보자 난립을 막을 수 있다. 반면에 지역이 좁기 때문에 선거간섭 · 매수 등의 부정선거가 행하여질 위험성이 많고, 지방이익에 집착하는 지방인사가 유리해 전 국민을 위하는 후보자 선택의 폭이 좁다. 제17대(2004년) 국회의원 선거에서는 소선거구제로 243석의 지역구 의원을 선출하고, 56석을 전국구(정당득표비율로 결정) 비례대표제로 선출하였다.

✅ 피선거권(eligibility for election)

선거에 의하여 당선될 수 있는 권리, 또는 당선이 되어 법률상 유효하게 당선을 수락할 수 있는 권리를 말한다. 우리나라에서는 선거일 현재, 국회의원은 25세, 대통령은 40세에 달하면 법률에 의한 결격사유가 없는 한 누구나 피선거권을 가진다.

✅ 선거공영제(選擧公營制)

선거의 공정을 기하고 선거운동에 따르는 폐해를 방지하기 위하여 국가나 공공단체가 선거비용을 부담하여 관리하는 제도이다. 이 제도는 재산이 없더라도 유능한 인물이면 누구나 국민의 대표자로 선출될 수 있다는 장점이 있다. 우리나라의 대통령선거나 국회의원 선거도 철저한 선거공영제로 시행하도록 헌법 제7장에 규정하고 있다.

✅ 남북정상회담

해방 이후 처음으로 남북 정상이 2000년 6월 13일 평양에서 상봉했다. 김대중 대통령과 북한 김정일 국방위원장은 5개항의 '남북 공동선언' 에 서명, 분단의 역사에 새 장을 열었다. 그 여파는 경의선 연결공사 착수, 장기수 송환, 대북 식량지원, 남북경협위원회 설치, 남북 국방장관회담 등 '해빙' 으로 이어졌다. 또한 북한 조명록 차수와 매들린 올브라이트 미국 국무장관이 교환 방문하는 등 북 · 미 관계 개선의 계기가 됐다.

✅ 3자회담(三者會談)

한반도의 긴장완화와 남북한 문제의 평화적 해결을 위해 북한과 미국의 회담에 한국을 참가시키는 3자회담을 열자는 북한의 제안이다. 이에 대해 우리 정부는 남북간의 직접 대화가 중요하다며 거부하였고, 그 후 북한은 3자회담 개최를 계속 주장하면서도 남북대화 재개에 응하는 자세로 전환하였다.

4자회담(四者會談) 북한 문제해결을 위해 남북한 양당사자와 미국·중국이 참여하는 회담을 말한다. 전 미 국무장관 키신저가 제안하였으나 중국과 북한의 거부로 유산되었다.

6자회담(六者會談) 북핵 문제 해결 방안을 위한 남북한과 미국·중국·일본·러시아가 참여한 회담으로 2003년 8월 베이징에서 처음 개최됐다.

✅ 전관수역(exclusive fishing zone)

연안국에 한하여 어업권이 인정되는 독점적 어업수역을 말한다. 1965년에 조인된 한·일 어업협정에서는 자국 연안의 기선으로부터 12해리까지의 수역을 배타적 관할권을 행사하는 수역으로 결정하였다.

✅ 뉴 프런티어(new frontier)

미국 제35대 대통령 케네디(J. F. Kennedy)가 대통령선거 출마 때 내세운 내외정책의 캐치프레이즈다. 건국 초의 개척정신으로 모든 문제를 타개해 나가자는 뜻으로 사용한 슬로건이다. '국가가 나를 위해 무엇을 해주기를 바라기 전에 내가 국가를 위해 무엇을 할 것인가를 생각하라'는 케네디의 말은 유명하다.

✅ 도미노 이론(domino theory)

도미노 게임에서 최초의 말이 넘어지면 그것이 옆의 말을 쓰러뜨리듯이 어떤 지역이 공산화되면 차례로 인접지역에 번져간다는 이론으로, 베트남·라오스의 공산화 등 인도차이나 반도 3국의 적화는 이 이론의 전형이라 할 수 있다. 미국의 월남전 개입을 정당화하는 이론이었으며, 1960년대 미국 군부·정치가들이 주장하였다.

역도미노 이론 한 나라가 민주화되면 인접국도 민주화될 가능성

이 많아진다는 것으로, '89년의 동구 민주화현상은 대표적인 예이다.

전국인민대표대회

중국의 최고국가기관으로 헌법개정, 법률제정, 국무원(정부)총리의 결정, 국가예산·결산 심사 및 승인 등을 행한다. 전인대 밑으로는 성·현·시·구 등 지방 각급 인민대표대회가 있는데 하급 인민대표대회가 한급 위인 인민대표대회 대표를 순차적으로 선출, 최후로 전인대가 구성된다. 대표의 임기는 5년으로 연 1회 회의를 열며 휴회 중에는 상무위원회가 직권을 행사한다. '전인대'로 줄여 부르기도 한다.

3불 정책

1949년 이후부터 대만 정부가 중국의 3통 정책에 대응하여 펼치는 정책으로, 부담판·부접촉·불타협이 그 주요내용이다. 그러나 '85년 5월 중국으로 망명한 중화 항공(CAL) 소속 보잉 747기 송환문제로 37년 만에 회담을 개최한 이래, 대만은 중국과의 관계에서 능동적인 태도를 보이고 있다.

3통정책 중국이 대만과 통신·통상·교통(상호왕래) 세 가지를 통하겠다는 정책이다. 이에 대만은 3불 정책을 취했으나, '87년 중국출신 대만거주자들의 중국방문 허용, '88년 우편물왕래의 인정 등으로 3불 정책은 대만정부의 방침으로만 그치고 있다.

아파르헤이트(Apartheid)

남아프리카공화국의 '인종격리정책'. '분리'를 의미하는 용어이다. 1929년 경 처음 등장한 이 말은 남아프리카에서 소수 백인종과 다수의 흑인종 및 유색인종을 분리시킨 정책을 뜻하며 다른 지역에서도 인종적 차별정책을 대표하게 되었다. 대표적인 차별조치로는 인종등록법, 거주지역 격리법, 인종간 결혼금지법, 인종간 성행위 금지법 등이 있었다. 남아공 정부는 91년 6월 아파르헤이트를 폐지하였다.

레임 덕(lame duck) 현상

3선이 금지되어 있는 미국에서 2기째의 현직대통령이 집권당을 승리로 이끌지 못했을 경우 새 대통령이 취임할 때까지 약 3개월 동안의 국정

정체상태를 기우뚱거리며 걷는 오리에 비유해 이르는 말이다. 우리나라의 경우 '통치력 누수 현상' 이라고 표현한다.

◎ 9 · 11테러

2001년 9월 11일 아침 납치한 항공기를 이용해 미국의 심장부를 강타한 동시다발 테러가 발생했다. 이 테러로 뉴욕의 110층짜리 세계무역센터 쌍둥이 건물 전체와 워싱턴의 국방부 건물 일부가 무너졌으며, 사망 · 실종자만 2900여명에 이르렀다. 조지 부시 대통령은 애국주의의 물결 속에 이 테러를 '전쟁 행위'로 규정하며 보복을 선언했다. 사우디아라비아 출신 오사마 빈 라덴과 그가 이끄는 알카에다 조직이 테러를 한 것으로 지목됐으며, 이로 인해 아프카니스탄 전쟁과 이라크 침공이 이어졌다.

◎ 알자지라(Aljazeera)

1996년 11월에 개국한 카타르의 위성 텔레비전 방송으로, 카타르 국왕인 알타니(Hamad bin Khalifa AlThani) 일가의 투자로 설립된 민간 상업방송(www.aljazeera.net)이다. '자지라' 는 아랍어로 '섬' 이라는 뜻이다.

◎ 팔레스타인 문제

팔레스타인을 둘러싼 아랍 · 유대 두 민족간의 분쟁을 말한다. 제1차 세계대전 중 영국이 유대인 국가 건국을 약속하는 한편(밸푸어선언), 아랍인에 의한 팔레스타인의 독점을 언명(맥마온 선언)하는 등 모순된 정책을 취했기 때문에 전후에 두 민족의 대립이 격화, 팔레스타인이 분할되어 이스라엘이 건국하자 팔레스타인 전쟁 · 중동전쟁 · 레바논전쟁 등 무력항쟁이 계속되어 왔다.

팔레스타인 해방운동 1948년 이스라엘의 건국으로 팔레스타인에서 추방된 아랍 난민들이 그들의 고향을 다시 찾자는 운동이다.

◎ 안전보장이사회(Security Council)

UN에서 총회와 비견하는 최고기관으로, 미국 · 영국 · 프랑스 · 러시아 · 중국의 5개 상임이사국과 총회에서 선출되는 10개 비상임이사국으로 구성된다. 분쟁의 평화적 해결, 평화에 대한 위협과 파괴 및 침략 행위의 방지·진압을 임무로 하며 집단안전보장을 위해서는 경제적 제재 뿐 아니라 군사적 제재도 가할 수 있다(소연방의 와해로 92년부터 구소련의 지위를 러시아가 승계함). 총회의 결정은 가맹국을 구속하지 않는데 비해 안전보장이사회의 결의는 구속력이 있다.

✅ ASEM(Asia Europe Meeting ; 아시아·유럽정상회의)

1994년 고촉통(吳作棟) 싱가포르 총리가 발라뒤르 프랑스 총리에게 회의 개최를 제창한 것이 시초로 회원국은 아시아에서 아세안 및 한·중·일 10개국이며, 유럽에서 EU 15개국이 참여하고 있다. 국가원수 또는 정부수반과 EU집행위원장 등이 모여서 2년에 한 번씩 개최하는 회의로, 정치·경제·사회·문화 등 제반분야에서 포괄적 협력을 도모한다.

✅ 호르무즈 해협(Strait of Hormuz)

페르시아만과 오만만을 잇는 폭 50km의 해협으로, 사우디아라비아·이란·이라크·쿠웨이트 등 만안 산유국으로부터의 석유를 세계로 공급하는 최대의 석유 루트이다.

IT·컴퓨터·과학·우주·군사

✅ 블로그(Blog)

Web(웹)과 log(일지)의 합성어. 인터넷 게시판 또는 일기장 형식으로 글과 사진, 동영상을 자유롭게 올리며 가장 최근의 내용이 페이지의 맨 위로 업데이트 되는 웹페이지를 일컫는다. 블로그는 미국의 대표적 사전 전문 출판사인 메리엄 웹스터가 선정한 올해의 단어 1위에 올라 2005년 사전에 정식수록 됐다.

✅ 아바타 뮤직(Avatar Music)

아바타(Avatar)는 산스크리트어 '아바타라(avataara : 지상에 강림한 신의 화신)'에서 유래한 말로 가상사회에서 자신의 분신을 의미한다. 아바타 뮤직은 자신을 표현해 소통하고 싶은 욕구를 지닌 음악이다. 2003년 미국에서 처음 나왔으나, 개인 홈페이지가 유행하고 모바일 음약 시장이 큰 한국에서 비즈니스 모델이 형성돼 있다.

✅ 유비쿼터스(Ubiquitous)

유비쿼터스(Ubiquitous)란 라틴어로 '편재하다(보편적으로 존재하다)'라는 의미이다. 모든 곳에 존재하는 네트워크라는 것은 지금처럼 책상 위 PC의 네트워크화뿐만 아니라 휴대전화, TV, 게임기, 휴대용 단말기, 카 네비게이터, 센서 등 PC가 아닌 모든 비 PC 기기가 네트워크화되어 언제, 어디서나, 누구나 대용량의 통신망을 사용할 수 있고, 저요금으로 커뮤니케이션 할 수 있는 것을 가리킨다.

✅ 텔레매틱스(Telematics)

통신(Telecommunication)과 정보과학(Informatics)의 합성어로 이동통신망 · GPS 등을 자동차에 접목, 운전자와 탑승자에게 교통정보를 안내하는 것은 물론 긴급구난 · 원격차량진단 · 인터넷서비스 등을 제공한다. 과속 단속기 탐지용인 GPS 단말기는 텔레매틱스의 여러 기능 가운데 하나이다.

✅ 위피(WIPI)

한국이 개발한 휴대폰 운영체계(무선 인터넷 플랫폼)로 정통부와 통신업계에서 세계시장을 겨냥해 개발했으며 미국 단일표준으로 인정받았다. WIPI는 Wireless Internet Platform for Interoperability(호환성 있는 무선 인터넷 플랫폼)의 약자이다.

✅ 피싱(phishing)

'개인정보'를 의미하는 'private data'와 '낚시'를 의미하는 'fishing'의 합성어로 '개인정보 사냥'을 의미하며 미국에서 유래되었다. 주로 금융기관이나 유명 전자상거래업체를 사칭해 경품 당첨, 계좌정보 변경 등을 알리는 메일을 발송하고 해당 기관의 홈페이지를 복제한 가짜 인터넷 주소를 링크시켜 소비자를 유인한 뒤 금융정보를 빼내는 신종 사기 수법이다.

✅ 위성 DMB(위성 Digital Multimedia Broadcasting)

휴대전화나 차량용 단말기를 통해 이동 중에도 방송을 볼 수 있는 뉴미디어를 말한다. 위성 DMB는 인공위성을 통해, 지상과 DMB는 지상의

중계기로 전파를 보낸다.

✅ 반도체(半導體 ; semi-conductor)

전기가 통하는 도체(포털)와 통하지 않는 절연체와의 중간 물질로, 보통 저온에서는 전류가 통하지 않으나, 고온이 될수록 전류가 쉽게 통한다. 실리콘(silicone)·게르마늄(germanium)·아산화동(亞酸化銅)·규소 등에 이와 같은 성질이 있다. 정류기(整流器)·트랜지스터·다이오드(diode) 등의 재료로서 그 응용범위가 매우 넓다.

✅ MIPS(Million Instructions Per Second)

컴퓨터가 1초 동안에 실행할 수 있는 명령의 개수를 100만 단위로 나타내는 것이다. 밉스는 컴퓨터의 성능을 평가하는 하나의 기준이 된다. 최고 속도나 각각의 명령을 실행하는 시간의 가중 평균치의 역수를 MIPS로 표시한다.

✅ ASIC(Application-Specific Integrated Circuit)

주문형 집적회로, 주문형 반도체라고 한다. PC에 일반적으로 들어가는 마이크로프로세서나 메모리칩과 같은 일반 집적회로와 달리 특별한 용도를 위해 설계된 반도체 칩을 말한다.

✅ POP(Post Office Protocol)

POP는 사용자의 컴퓨터에서 서버로부터 전자우편을 읽을 수 있도록 고안된 통신규약을 말한다. 이 통신규약이 발표한 제품들에는 POP, POP2, POP3 등이 있고 대체적으로 상위 제품이 하위제품에 대한 호환성을 제공하지 못한다는 문제점을 안고 있다.

✅ 플래시(flash)

플래시는 홈페이지 저작 도구로 많이 사용되며 그래픽 도구로도 손색이 없다. 플래시로 홈페이지를 제작하면 화려한 애니메이션을 구현함은 물론 보다 인터랙티브한 홈페이지도 제작이 가능하다. 또한 플래시의 가장 큰 장점은 플래시로 만든 홈페이지의 경우 매우 화려하고 역동적이면서도 페이지 로딩 속도가 빠르다는 것이다.

마법사(wizard)

응용 소프트웨어의 복잡한 기능을 처음 쓰는 사람도 간단하게 활용할 수 있도록 단계별로 일정한 틀을 정해놓고 마치 사용자와 대화하는 것처럼 기능을 설명하고 쓸 수 있게 해 주는 기능이다.

CUG(폐쇄 이용자 모임, Closed Users Group)

컴퓨터 통신에서 사용자들이 만든 모임으로 다른 컴퓨터 통신의 동호회와 다른 점은 이 폐쇄 이용자 모임은 사용이 허락된 사람들만 이용할 수 있다. 주로 개인 ID로 이용할 수 있는지를 판단하며 중요한 정보를 보호해야 하는 경우에 이런 폐쇄 이용자 모임을 이용한다.

웹호스팅(web hosting)

회사가 아닌 개인이 인터넷에 홈페이지를 상업적으로 올리기 위해서는 고정된 인터넷 주소를 가지고 있어야 한다. 그러나 개인이 고정된 인터넷 주소를 갖기란 그리 쉽지 않다. 요즘은 포털 사이트에서 홈페이지 공간을 주기는 하지만 용량이 작고 도메인이 있을 경우에는 사용이 불가능하다. 이러한 사용자들을 위해 대형 통신업체에서 특정 도메인을 위한 홈페이지 공간을 주는 서비스를 웹호스팅이라고 한다.

IMT2000(International Mobile Telecommunication 2000)

2000년대의 국제 휴대 통신. 과거에는 플립스(Future Public Land Mobil Telecommunications System : FPLMTS, 미래 공중육상 이동통신)라는 말로 쓰였다. IMT2000은 사용자가 육상·해상·공중의 어떤 교통수단을 이용하거나 국내외 등 어디에 있든 관계없이 서비스가 제공된다. 또한 개인 단말기 하나로 음성통화 뿐 아니라 동화상·그래픽 등의 다양한 고속 무선통신에 이르기까지 매우 다양한 서비스를 제공해 무선통신의 종착역으로 불린다. 이러한 점에서 무선통신기술 발전 단계상 아날로그 이동통신·개인 휴대통신(PCS)에 이어 제3세대 이동통신으로 분류되고 있다.

광통신(optical communication)

광섬유를 통해 빛으로 디지털 정보를 보내는 통신방식이다. 기존에 사

용하는 구리선을 이용한 통신방식은 음성전달을 목적으로 연속된 신호를 보내는 아날로그 방식으로 개발되었다. 하지만 광통신은 광섬유를 통해 빛을 껐다 켰다가 하는 디지털 방식으로 신호를 보내기 때문에 회선이 적어도 보다 많은 사람이 동시에 정보를 전달할 수 있다. 또한 거래에 따른 손실이 거의 없으므로 중계기를 적게 설치해도 된다.

🔘 월드와이드웹(WWW ; World Wide Web)

인터넷의 많은 서비스들 중에서 가장 최근에 개발된 멀티미디어 서비스를 말하며 보통 웹이라고 한다. 웹은 주로 전자우편 등과 같이 문자를 기반으로 전송하던 인터넷 서비스들과 달리 사진과 그래픽, 음성과 동영상을 하이퍼텍스트라는 편리한 방법으로 전송하고 검색할 수 있게 해준다.

🔘 퍼지이론(fuzzy theory)

퍼지란 원래 '애매모호한, 경계가 명확하지 않은'이라는 뜻으로, 인간의 사고 · 판단에 포함되어 있는 '조금', '약간', '다소' 등의 애매한 말들을 수치로 정량화해서 최적의 양과 질을 실행하도록 하는 원리이다. 미국 캘리포니아 대학의 자데(L. A. Zadeh) 교수가 제안한 퍼지집합의 개념이 그 기초인데, 센서가 대상물을 체크하고 주문형 반도체인 퍼지 전용 칩이 세분된 실행수치를 선택해서 최적의 상태를 만들어내는 것이다.

🔘 램(RAM) · 롬(ROM)

1. RAM(random access memory) 데이터나 프로그램 등의 기억내용을 써넣고 읽어내고 지울 수 있는 기억소자(記憶素子)이다. S램(static RAM램 ; 정적 램)과 D램(dynamic RAM ; 동적 램)으로 분류되는데, S램은 메모리의 각 비트의 전원이 있는 한 유지되는 것, D램은 어느 정도 시간이 경과하면 기억된 정보가 지워지는 것이다. D램은 단시간 내에 주기적으로 재충전시켜 주면 기억이 유지되므로 컴퓨터의 기억소자로서 가장 많이 쓰인다. 세계적으로는 256KD램에 이어 2002년부터 1기가D램이 시장을 주도하고 있다.

2. ROM(read only memory) 정보의 읽기는 임의로 할 수 있

으나 새로 써넣기는 불가능하거나 제한이 있는 기억소자로, 읽기 전용 메모리라고도 한다. 워드 프로세서의 한자메모리, IC카드 등에 주로 쓰인다.

✅ 컴퓨터 바이러스(computer virus)

컴퓨터 내에 침투하여 자료를 손상시키거나 다른 프로그램들을 파괴하여 작동할 수 없도록 하는 컴퓨터 프로그램의 한 종류이다. 바이러스에 감염된 디스크로 컴퓨터를 기동(起動)시킬 때나, 어떤 프로그램을 실행시킬 때 바이러스가 활동하여 자료를 파괴하거나 컴퓨터 작동을 방해하고 자신을 복제하여 다른 컴퓨터로 전염시킨다. 특히 가장 심각한 피해를 입는 컴퓨터는 사용자가 가장 많은 퍼스널 컴퓨터이다.

✅ 테크노스트레스(techno-stress)

컴퓨터(테크노) 불안형과 컴퓨터 의존형으로 분류된다. 컴퓨터 불안형 또는 테크노 공포형은 컴퓨터 조작에 익숙하지 못하거나, 그 메커니즘에 따라가지 못하여 심신이 거부반응을 일으켜 회사를 그만두거나 우울증에 빠지는 예이다. 특히 이러한 유형에는 일찍이 컴퓨터를 접할 기회가 없었던 중년 또는 장년층의 샐러리맨이 많다. 이들은 컴퓨터를 배우려고 해도 과다한 업무량 때문에 배울 시간은 없고, 후배들의 익숙한 컴퓨터 다루는 솜씨에 더욱 주눅이 든다. 그리하여 스트레스 때문에 신경정신과를 찾는 환자가 늘고 심지어는 자실ㆍ행방불명의 원인이 되기도 한다.

✅ VDT증후군

VDT는 visual display terminal의 약어로 일반적으로 컴퓨터 사용자들이 걸리기 쉬운 안과질환으로, 컴퓨터의 수상기 화면을 계속해서 들여다 보면 화면에서 나오는 자외선과 강한 빛으로 인해 눈에 무리가 와 충혈되고 침침해지면서 두통증세까지 나타나기도 한다.

✅ 웹홀릭(Webaholic)

웹 중독자, 인터넷 중독자를 가리키는 말로서, 웨바홀리즘(Webaholism)과 같은 의미이다. 최근에 컴퓨터가 급속도로 보급되면서 역기능의 하나로 등장한 정신적, 심리적 현상으로, 특히 네트워크 환경과 웹 브라우저의 출현으로 인터넷에의 접근이 쉬워지면서 사회문제로

A 캐리커처(caricature)

까지 부각하게 되었다.

☑ PIMS(개인정보관리시스템 ; Personal Information Manager System)

PIMS란 개인의 신상명세 및 수많은 명함, 시간일정, 금전출납 상황 등을 일목요연하게 관리하고 전화번호나 달력 등을 필요할 때 찾아볼 수 있게 해 주는 개인정보관리 소프트웨어를 말한다. 즉 개인적으로 필요한 모든 정보를 관리해 주는 프로그램이다.

☑ PDA(개인 휴대용 단말기 ; Personal Digital Assistance)

개인용이나 업무용으로 계산이나 정보저장 및 검색기능을 갖춘 손바닥 크기의 소형장치를 총칭하는 용어로서 손으로 쓴 정보를 입력할 수 있는 휴대형 컴퓨터의 일종으로 전자수첩처럼 개인의 정보관리나 일정관리 기능을 갖춘 한편 컴퓨터와의 정보교류, 팩시밀리 송신 등 무선통신 기능도 수행한다.

☑ 네티즌(netizen)

네트워크를 이용하며 생활하는 사람들을 일컫는다. 네트워크(network)과 시민(citizen)의 합성어인데 말 그대로 '통신망에서의 시민' 이라고 해석된다. 네티즌은 통신망을 통해 자유롭게 전 세계를 넘나들며, 인터넷이라는 바다를 통해 정보를 습득하고 자신의 정보를 남에게 전달하게 된다. 또한 익명성이 보장되어 신분이나 재산에 관계없이 하나의 가상 인격체로 당당히 생활할 수 있다.

☑ 클리커(Clicker)

각종 인터넷 여론조사나 이벤트 등의 사이트에서 자신이나 특정기관에 도움이 될 수 있는 결과가 나오도록 쉬지 않고 클릭을 해대는 사람들을 뜻한다. 사이버 공간의 여론을 오도할 수 있다는 점에서 스토커나 크래커 못잖은 부정적인 존재이다.

☑ 스페이스십원(SpaceShip One)

미국의 시사주간지 타임 최신호가 2004년 최고의 발명품으로 선정한 미국의 민간 유인로켓. 스페이스십원(SpaceShip One)은 10월 두 차례 우주비행에 성공한 최초의 민간우주선으로 안사리 X-프라이즈 재단이

Q 세계 3대 교향곡은?

내건 상금 1000만 달러(약 115억원)를 차지했다. 스페이스십원의 성공으로 '누구나 우주를 여행할 수 있다'는 생각을 갖게 됐다.

✅ 무궁화5호 위성

한국 최초의 군사 및 상업 겸용 인공위성인 무궁화5호가 2006년에 발사된다. 이 위성은 한반도 지역에 국한됐던 무궁화3호와 달리 서비스 범위를 아·태지역으로 확대하며, 국내 최초의 군사위성 역할도 맡게 된다. 무궁화5호 위성은 무궁화2호를 대체하게 되며 1, 2, 3호에 이어 국내에서 네 번째로 발사되는 위성으로 적도 상공 3만6천 높이의 정지궤도에 띄워질 예정이다.

✅ 미 항공우주국(NASA ; National Aeronautics and Space Administration)

미국의 우주개발을 위한 대통령 직속기관으로 본부는 워싱턴에 있으며, 부속기관으로 유인 우주선 센터·케네디 우주센터·마샬 우주센터 등이 있다. 인간의 달 정복을 실현한 아폴로 계획, 바이킹 1·2호의 화성 연착륙 성공도 NASA의 주관으로 이루어졌으며, 현재는 우주왕복선 계획·우주정거장 건설계획을 추진 중이다.

케네디 우주 센터 NASA의 로켓 발사기지로 아폴로11호도 여기서 발사되었다.

✅ 갤렉스(Galex)

미국항공우주국(NASA)의 우주과학 프로젝트 심사에서 1위를 차지한 자외선우주망원경. 국내 연구진이 참여하고 있는 '갤렉스(GALEX)' 프로젝트는 현재 우주공간에서 자외선으로 우주를 관측할 수 있는 유일한 우주망원경이다.

✅ MD(미사일 방어체제)

미국은 적국이 미사일공격을 했을 때 이를 미리 감지해 공중에서 미사일을 요격할 수 있도록 지상, 해상, 우주기지를 건설하는 MD체제를 발표했다. 러시아와 중국의 대륙간탄도탄(ICBM) 외에 불량국가의 중·단거리 탄도미사일 방어도 포함한 것으로 미사일 방어를 통칭하는 개념이다. 이지스급 구축함의 미사일 방어체제도 미사일을 요격하는데 활용할

수 있다. MD는 ABM조약을 위반하는 것이므로, 미국은 2001년 ABM을 탈퇴했다.

✅ 핵우산(核雨傘 ; nuclear umbrella)

핵병기가 없는 비핵보유국에 대한 핵보유국이 미치는 영향력을 말한다. NATO 가맹국들과 한국·일본은 미국의 핵우산 아래 있는데, 이는 군사적, 정치적, 심리적 위협에 대처하는 효과가 있다.

> **핵우산협정** 비핵보유국이 핵보유국으로부터 공격을 받았을 때, 미·영·구소의 3국이 비 핵보유국을 방어해 주자는 협정으로, 1968년 미·영·구소 3국간에 체결되었다.

✅ 핵사찰(核査察 ; nuclear inspection)

국제원자력기구에서 원자력발전소를 운영하는 국가의 평화적 이용상태를 감시하는 것을 말한다. 핵사찰은 A, B, C급으로 분류해 통제하는데, A급은 핵무기를 보유한 국가(미국·영국·구소련·프랑스·중국·인도·이스라엘 등) 들이며, 민간용 원자력발전소에 한해 자발적인 사찰을 받는다. 일본 등 B급 사찰국가의 경우, IAEA는 일부분만 사찰을 담당한다. 한국을 비롯한 대부분의 C급 국가는 엄격한 감시통제를 받는다. 원자력발전소 9기를 운영하는 우리나라의 경우 IAEA는 사찰단을 파견, 원전 운영을 철저히 감시하고 있다.

✅ 카오스 이론(Chaos theory)

무질서하게 보이는 현상 혹은 예측불가능한 현상도 배후에는 모종의 정연한 질서가 존재한다는 이론으로 퍼지이론, 뉴로이론에 이어 제 3의 이론으로 불린다.

법률 · 사회 · 문화

✅ 성문법(成文法 ; written law)의 단계

성문법은 문서로 표현되며 일정한 형식 및 절차를 거쳐 공포되는 법으로, 불문법에 대립된다. 성문법에는 여러 가지가 있는데, 헌법, 법률, 명령, 조례, 규칙으로 단계를 이룬다.

죄형법정주의(罪刑法定主義 ; principle of legality)

어떤 행위가 범죄가 되며, 또 어떤 형벌을 줄 수 있는가를 법률로써 명문화시켜 개인의 자유와 권리를 권력의 남용으로부터 보장하려는 형법상의 원칙이다. 권력자가 범죄와 형벌을 마음대로 전단하는 죄형전단주의와 대립되는 원칙이다.

죄형법정주의의 원칙 ① 관습법 적용의 배제, ② 형법 조문의 유추해석 금지, ③ 형벌불소급의 원칙, ④ 광범한 부정기형의 금지

대인고권(對人高權 ; personal sovereignty)

국민에 대한 국가의 최고 권력으로, 자기 나라 국민이 국내에 있거나 외국에 있나를 불문하고 국가가 그를 지배할 수 있는 법적 근거를 말한다.

양심적 병역거부(conscientious objector)

양심적 병역거부권, 양심적 집총거부권, 양심적 반전권(反戰權)이라 한다. 양심적 병역거부권은 각국의 특수한 여건이나 상황에 따라 그 구체적인 내용에 차이가 있으나, 기본적으로는 다음과 같은 경향을 보여주고 있다. ① 양심적 병역거부의 근거가 종교적인 이유 이외에로 확대되어 가고 있고, ② 양심적 병역거부자들이 과연 진실로 양심에 따라 병역이나 집총을 거부하는 것인가의 여부를 심사하는 심사기관을 설치하고 있으며, ③ 양심적 병역거부권을 인정하는 거의 모든 국가에서 대체역무(代替役務)를 과하고 있다는 점이다.

헌법소원(憲法訴願)

어떠한 법률의 위헌 여부가 개인의 권리와 이해관계가 있을 경우 그 개인의 신청에 의하여 법률의 위헌여부를 심사하게 하는 것을 말한다.

헌법재판소(憲法裁判所) 법률의 위헌여부와 탄핵 및 정당해산에 관한 심판을 담당하는 국가기관으로, 여기서 심판한 내용은 최종적인 국가의사로서 확정되므로 다른 어떤 기관에 의해 제약되거나 변경될 수 없다.

✅ 행정소송(行政訴訟 ; administrative litigation)

행정관청의 위법처분에 의하여 권리를 침해당한 자가 관할 고등법원에 대하여 그 처분의 취소 또는 변경을 요구하는 소송이다. 우리나라에서는 행정소송의 제기에 앞서서 행정심판을 거치도록 하여 행정기관 자체에 의한 구제를 하도록 하는 행정심판전치주의(行政審判前置主義)를 채택하고 있다.

행정심판전치주의 이의신청이나 행정 심판을 제기할 수 있는 경우에는 먼저 그 절차를 취한 후, 그 결정에도 불복인 경우 고등법원에 행정소송을 제기하게 되어 있는 제도이다. 구 행정소송의 소원전치주의 대신 '85년부터 채택하고 있다.

✅ 미필적 고의(未必的故意)

결과발생 자체는 불확실하나 만일의 경우 그렇게 되어도 상관없다고 생각하는 경우에 존재하는 고의를 말한다. 운전사가 골목길에서 질주하면 통행인이 치일 우려가 있음을 알면서도, 설혹 사람이 치인다 해도 부득이하다고 생각하는 경우 등이 이에 해당된다. 이런 경우에는 과실범이 아닌 고의범으로서 처벌을 받는다.

✅ 배임죄(背任罪)

타인의 사무를 처리하는 자가 그 임무에 위배되는 행위로써 재산상의 이익을 취득하거나, 제3자로 하여금 이익을 취득하게 하여 위임자 본인에게 손해를 끼치는 죄이다. 횡령죄의 객체는 타인의 물건인데 비해 배임죄의 객체는 재산상 이익인 점에서 구별된다.

✅ 물권(物權)

물건을 직접 지배하여 이익을 얻을 권리이다. 즉, 동산 · 부동산 등의 물건을 일정한 방법으로 이용하여 이익을 얻는 것을 내용으로 하는 권리로 민법에서는 물권법정주의를 규정하고 있다.

물권법정주의(物權法定主義) 물권의 종류와 내용은 민법 기타 법률이 정하는 것 이외에는 자유로이 창설할 수 없게 하는 주의를 말한다. 물권법에서는 계약자유의 원칙이 인정되지 않으며, 당사자가 계약으로 자유로이 물권을 창설할 수 없다

Q 우리나라 국경이 확정된 것은 조선 어느 왕 때인가?

✅ 모성보호법

2001년 11월부터 출산휴가 90일 연장과 유급육아휴직제도 도입을 뼈대로 한 모성보호 관련 3개 개정법률(남녀고용평등법, 근로기준법, 고용보험법)이 시행되고 있다. 산전후휴가(출산휴가)가 60일에서 90일로 늘어나고, 새로 도입된 육아휴직제도는 출산 후 1년까지 남녀 모두 사용할 수 있으며, 유급육아휴직의 기간과 급여는 대통령령에서 정하기로 했다. 이밖에도 직장내 성희롱 예방교육 및 구제절차 강화, 여성근로자의 고용촉진을 위한 시간외근무, 야간근무, 휴일근무 제한 완화 등도 담고 있다.

✅ 담보물권(擔保物權)

일정한 물건을 채권의 담보에 공유하는 것을 목적으로 하는 물권이다. 채권자가 채무자의 재산을 담보로 잡고, 채무의 변제가 없을 때에는 일반채권자에 우선하여 그 담보물을 값으로 환산하여 채무의 변제에 충당한다.

1. 유치권(留置權) 타인의 동산을 점유한 사람이 그 물건에 관한 채권의 변제를 받을 때까지 갖게 되는 권리이다. 고장난 시계를 수리한 수리공이 수리비를 받을 때까지 그 시계를 가지고 있을 권리 등.

2. 질권(質權) 채권의 담보인 동산을 채무변제가 있을 때까지 유치할 수 있고, 변제가 없을 때 우선 변제를 받는 권리이다. 질권은 전당포에서 소액의 돈을 차용하는 데 이용된다.

3. 저당권 채권의 담보로 내놓은 부동산을 인도 받지 않고, 채무가 변제되지 않을 때 우선적으로 변제를 받는 권리이다.

✅ 아노미(anomie) 현상

사회 구성원의 행위를 규제하는 공동의 가치나 도덕기준을 잃은 혼돈 상태, 불안감 · 고립감이 조성되는 현상을 말하는 것으로, 프랑스의 사회학자 에밀 뒤르켐(Durkheim)이 저서 「자살론」에서 사회학적 개념으로 규정하였다. 뒤르켐 이후에도 이 용어는 사회해체 현상을 분석 · 기술하는 개념으로 쓰이고 있다. 아노미 상태가 계속되면 사회 · 문화적 규범의 허용한계를 벗어나는 '일탈행위'가 자행되기 쉽다.

✅ 고령화 사회(高齡化社會 ; aging society)

노령인구의 비율이 현저히 높아 가는 사회. 의학의 발달, 생활수준과 생활환경의 개선으로 평균수명이 길어져 전체 평균 연령이 높아지는 현재의 선진사회를 일컫는 말이다. 일반적으로 65세 이상을 노령인구라 일컫는데, 노령 인구가 전 인구에서 차지하는 비율이 7%에 이르면 고령화 사회라고 부른다. 우리나라는 '89년에 평균수명이 70.8세로 처음 70세를 넘었으며, 현재 노인인구비율이 7.1%로 고령화 사회에 진입했다.

✅ 제로 섬 사회(zero sum society)

『제로 섬』이란 어떤 시스템이나 사회 전체의 이익이 일정하여 한쪽이 득을 보면 반드시 다른 한쪽이 손해를 보는 상태를 말한다. 제로 성장에 빠지면, 에너지, 환경, 인플레이션 등의 난제를 해결하려고 할 때 반드시 어느 계층의 이해와 충돌하고 반대에 부딪쳐 문제의 해결이 곤란하게 된다. 그 때문에 제로 섬 상황을 타파하기 위해서는 저축을 투자에 결부시켜 경제성장률을 플러스로 할 필요가 있다.

✅ MQ(도덕지수 ; moral quotient)

아이들의 도덕심 형성에 밑거름이 되는 MQ는 규칙적인 암기나 추상적인 토론, 가정에서의 순응교육만으로는 길러지지 않고 아이들 스스로 다른 사람들과 어떻게 하면 잘 지낼 수 있는가를 보고 듣고 겪는 과정에서 길러지고 변화된다. 아이들의 MQ계발에 있어 중요한 시기는 초등학교 시기인데, 이는 10대에 진입하기 전후의 시기는 자각심과 판단력이 크게 자라 이때 비로소 도덕적 존재가 되기 때문이다.

✅ 님비현상(NIMBY : Not in my back yard)

장묘시설, 핵폐기물보관시설 등 환경적인 혐오시설을 자기 집주변에 두지 않으려는 지역주민들의 지역이기주의 현상을 말한다. NIMBY의 반대말은 PIMFY(Pleas, in my front yard)로 지역에 유리한 사업을 서로 유치하려는 현상이다.

✅ 신드롬(syndrome ; 증후군)

어떤 공통성이 있는 일련의 병적 징후를 총괄적으로 나타내는, 병명에 준하는 명칭이다.

 1. 파랑새 신드롬   동화극 「파랑새」의 주인공처럼 장래의 행복만을 꿈꾸면서 현재의 일에 정열을 느끼지 않는 현상을 말한다.

 2. 피터팬 신드롬   동화극 「피터 팬」의 주인공 피터가 언제까지나 소년역을 한 것처럼 나이가 든 어른이면서도 어린이와 같은 언어와 행동을 지속하는 현상을 말한다.

 3. 스탕달 신드롬   역사적인 미술 걸작품을 감상할 때 순간적으로 느끼는 정서적 압박감으로, 「적과 흑」의 작가 스탕달이 미켈란젤로 등의 작품 관람 후 느낀 흥분과 두려움에서 연유한 것이다.

 4. 슈퍼우먼 신드롬 여성이 모든 일에 완벽해지려고 지나치게 신경을 쓴 나머지 지쳐버리는 증상을 말한다. 맡은 일뿐만 아니라 노는 데도, 또한 한 사람의 여성으로서 완벽한 사람이 되려고 지나친 노력을 기울이다 지쳐 버린다는 것이다.

✅ 이피족(Yiffie 族)

 젊고(young), 개인주의적이며(individualistic), 자유분방하고(freeminded), 이전 세대에 비해 사람 수가 적다(few)는 뜻으로, 미국에서 유피족에 이어 90년대 들어 새로이 등장한 신세대 직업인을 가리킨다. 전후 베이비 붐이 퇴조한 1965년 이후에 태어나 대학을 졸업한 고학력자들로 레저 · 가족관계 · 여유 있는 생활 등에만 주된 관심을 쏟는다.

✅ 딩크족(Dink 族)

 double income, no kids의 약어로 유피 다음 세대를 가리키는 말이다. 이들은 정상적인 부부생활을 영위하면서도 자녀를 두지 않고 맞벌이를 하며, 돈과 출세를 인생의 목표로 삼는 현세대의 표상적인 인간군으로 미국 젊은이들 사이에 크게 유행하고 있다.

✅ 좀비족(Zombie 族)

 주체성이 없이 로봇처럼 행동하는 사람을 가리키는 것으로, 현대의 관료화된 사회조직에서 일찌감치 요령과 처세술만 터득하여 무사안일주의를 제일로 하여 살아가는 대다수의 화이트칼라들을 꼬집는 말로 쓰이고 있다.

미 제너레이션(Me generation)

자기 중심적인 사고를 가진 현세대의 젊은이들을 표현하는 말로, 자기 자신 또는 관련집단의 이익 외에는 무관심하고 자신의 욕구 충족만을 바라는 현대의 젊은층을 가리킨다.

후천성 면역 결핍증(AIDS ; acquired immune deficiency syndrome)

체내의 세포면역기능이 현저하게 떨어져 보통 사람에게서는 볼 수 없는 희귀한 각종 감염증이 발생하고, 이것이 전신에 퍼지는 질환이다. 몇 주에서 몇 년에 이르는 잠복기간을 가지며, 감염력은 강하지 않으나 적절한 치료법이 없어 치사율이 높다.

국제사면위원회(國際赦免委員會 ; AI ; Amnesty International)

정치적·종교적 확신 때문에 부당하게 투옥된 사람들의 석방운동을 목적으로 하는 단체로, 1961년 영국의 변호사 베네슨에 의해 창설되었다. 양심수 석방촉구, 모든 정치범에 대한 공정하고 신속한 재판 요구, 사형 및 고문제도에 반대하는 운동을 계속하고 있다. 런던에 본부, 세계 45개국에 지부가 있으며, 회원은 160여 개국, 100여만 명에 달한다. 국제사면위원회는 1977년 노벨 평화상, 1978년 UN 인권상을 수상했다. '89년에는 사형폐지에 대한 국제적인 캠페인을 벌인 바 있다.

지적재산권(知的財産權 ; intellectual property)

무형적인 지적창작물에 대한 소유권, 즉 독점적 권리로, 특허권·실용신안권·의장권·상표권이 포함되는 산업재산권과 창작서적·번역물 등이 포함되는 저작권의 두 가지로 분류된다. 산업재산권은 특허청의 심사를 거쳐 등록해야만 보호되지만 저작권은 출판과 동시에 보호된다는 점이 다르며, 보호기간도 산업재산권은 10~20년 정도로 비교적 짧은 반면, 저작권은 사후 50년까지로 길다. 최근엔 급속한 기술혁신에 따라 새로운 기술들이 속출, 산업재산권과 저작권 중 어느 부류에도 속하지 않거나 양쪽에 모두 속할 수 있는 분야가 나타나고 있는데 가장 대표적인 것이 소프트웨어이다.

✅ 알선 · 중재 · 조정

쟁의 해결방법으로는 알선 · 중재 · 조정이 있다. '알선'은 노동쟁의의 신고를 받은 행정관청이나 노동위원회가 노사의 중간에 들어 쌍방 주장의 요점을 확인, 쟁의해결을 위해 노력하는 것이며, '중재'는 노동쟁의조정법에 의해 노동위원회가 노동쟁의에 관해 중재재정을 내리고 당사자들이 이에 따라야 하며, '조정'은 노사와 공익을 대표하는 조정위원이 조정안을 제시, 쟁의해결을 위해 노력하는 것이다. '긴급조정'은 쟁의가 공익성을 띤 업체에서 발생했거나 국민경제를 위태롭게 할 경우 노동부장관이 결정한다.

✅ 호연지기(浩然之氣)

중국의 맹자가 그의 '수양론'에서 최초로 쓴 말로, 지극히 크고 굳세며 곧은 마음으로 진취적 기상의 바탕이 된다. 이이가 선조에게 올린 글에서는 "호연지기란 의를 모아서 되는 것이요, 한 가지 일이 우연히 의에 맞았다고 생겨나는 것이 아니다. 모름지기 오늘 하나의 옳은 일을 행해 의가 몸에 쌓여 위로 하늘에 부끄럽지 않고, 아래로 땅에 부끄럽지 않아야 호연지기가 충만하게 된다."고 해 호연지기가 진취적 기상의 바탕임을 강조했다.

✅ 사회적 동물(social animal)

아리스토텔레스가 한 말로 인간은 끊임없는 타인과의 관계 속에 존재한다는 생각이다. 스승인 플라톤의 이상주의와는 달리 현실주의인 그는 목적론적 세계관을 펴 인간이 다른 동물에게서 볼 수 없는 이성을 가지고 있기 때문에 이성에 의해 중용의 덕에 이를 수 있고, 중용에 의해 인간의 윤리적 목표인 행복에 이를 수 있다고 했다. 이성적 인간을 인간다운 인간으로 보는 인간관에서는 '인간은 이성적 동물'이다.

✅ 연역법(演繹法 ; deductive method)

보편원리를 바탕으로 순수한 사유에 의해 특수 명제를 끌어내어 진실한 인식에 도달하는 학문 연구방법이다. 데카르트는 연역의 바탕인 최고원리는 지성의 직각(直覺)으로 파악된다 하였고, 칸트는 경험적 · 형이상학적 · 선험적 연역으로 구별하였다.

모든 인식의 근원은 사람마다 선천적으로 지니고 있는 '이성'에 있다고 믿는 학문적인 태도이다.

✅ 사서오경(四書五經)

유학의 필수서인 「대학」, 「논어」, 「맹자」, 「중용」의 4서와, 「시경」, 「서경」, 「주역」, 「예기」, 「춘추」의 5경으로, 고대 중국의 사회생활의 기록이며, 제왕의 정치, 고대의 가요, 공자가 태어난 노나라 역사 등의 기록이다.

사서삼경 주자의 4서에 「시경」「서경」「주역」의 3경을 말한다.

✅ 프래그머티즘(pragmatism ; 실용주의)

미국에서 발달한 진리의 상대성 · 유용성을 강조하며, 실질과 실용을 중시하는 현실주의 철학이다. 소피스트 · 경험론 · 공리주의에서 영향을 받았으며, 진리탐구는 과학적 방법에 의거해야 한다고 보면서 진리와 행동을 결부시키고, 세계를 미완성의 소재로 보면서 결정론적 세계관을 배격한다. 대표적인 철학자는 퍼스 · W. 제임스 · 듀이 · 미드 등이다.

환경 · 산업일반

✅ ppm(parts per million)

기체 · 액체나 고체 중에 함유된 어떤 물질의 비율을 나타내는 단위로, 전체량의 100만 분의 1을 1ppm이라 한다. 공해와 관련하여 대기오염 · 수질오염의 정도를 표시하는 데 이용된다.

✅ BOD(biochemical oxygen demand ; 생화학적 산소요구량)

물의 오염도를 나타내는 지표로, 박테리아가 일정한 시간 내에 유기물을 산화 · 분해하는 데 소비되는 산소량을 ppm으로 나타낸 것이다. 물이 많이 오염될수록 유기물이 많으므로 그만큼 박테리아 분해에 필요한 산소량도 증가한다. 따라서 BOD가 높을수록 오염이 심한 물이다.

Q 우리나라 최초의 가사(歌辭)는?

✅ COD(chemical oxygen demand ; 화학적 산소요구량)

BOD와 마찬가지로 물의 오염도를 나타내는 지표로, 과망간산 칼륨 또는 중크롬산 칼륨과 같은 강력한 산화제를 오염된 물에 가하여 수중의 유기물이 분해될 때 소비되는 산소량을 ppm으로 나타낸 것이다. COD가 높을수록 오염이 심한 물이다.

✅ 잔류성 유기오염물질(POPs ; Persistent Organic Pollutants)

자연환경에서 분해되지 않고 먹이사슬을 통해 동·식물 체내에 축적되어 면역체계 교란, 중추신경계 손상 등을 초래하는 유해물질, 대부분 산업생산 공정과 폐기물 저온 소각과정에서 발생하며, 주요 물질로는 DDT, 알드린 등 농약류와 PCB, 헥사클로로벤젠 등 산업용 화학물질, 다이옥신, 푸란 등이 있다.

✅ 부영양화(富榮養化 ; eutrophication)

호수·내해 등 폐쇄된 수역에 공장폐수·생활하수 등의 유입으로 질소·인 등의 영양분이 증가하여 빈영양(貧營養)에서 부영양으로 변화하는 현상을 말한다. 부영양화현상이 나타나면 식물성 플랑크톤 등의 생물이 이상 번식하여 적조가 되며, 호수 부근에서는 이 물을 상수원으로 사용할 수 없게 된다. 우리나라의 경우 진해만, 인천 앞바다 등지에서도 부영양화로 인한 적조현상이 나타나고 있다.

> **적조** 부영양화로 플랑크톤이 이상 번식, 바닷물이 붉게 변하는 현상이다. 폭발적으로 증식한 플랑크톤은 어류의 아가미에 붙어 질식시키기도 하고, 바닷물 용존산소량(DO)을 감소시키기도 한다.

✅ 블루벨트(blue belt ; 수자원보호구역)

연안의 수자원을 오염의 위험으로부터 보호하기 위해 설정한 오염제한구역이다. 이 구역 안에서는 수자원보호에 현저한 지장을 주는 공장의 설치, 유독물 또는 동물의 사체 및 오물을 버리는 등의 행위가 금지된다. 우리나라는 한려수도와 서해안 일부가 해당된다.

✅ 온실효과(溫室效果 ; green house effect)

대기 중 탄산가스나 아황산가스의 증가로 일어나는 온도상승 효과로,

탄산가스는 태양으로부터의 직사에너지는 통과시키지만 지표로부터의 복사열은 흡수하여 우주로 열이 발산되는 것을 막기 때문에 이러한 현상이 일어난다. 공기 중의 탄산가스는 해마다 계속 늘어나고 있다. 수증기나 탄산가스가 온실의 유리와 같은 작용을 하는 데서 이러한 이름이 붙었다.

✅ 열섬현상

일반적으로 다른 지역에 비해 온도가 높은 특별한 기온현상을 말하며, 그러한 지역을 열섬이라 한다. 지표를 덮고 있는 오염층, 도심의 가옥·건물 등에서 나오는 인공열이 주원인이며, 그밖에 풍속, 구름의 양, 도시의 크기도 열섬현상에 영향을 미친다. 도시기온의 특색인 열대야도 대개 열섬에서 발생한다. 열섬은 도시매연이 가장 중요한 원인물질이므로 '오염의 섬'이라고도 한다.

✅ 프레온 가스(freon gas ; CFC)

염화불화탄소(CFC ; chloro fluoro carbon)의 미국 듀폰사 상품명이다. 무색무취의 가스로 금속을 부식하지 않아 냉장고·에어컨 등의 냉매, 스프레이의 분무제, 소화제 등으로 쓰이며, 아주 미세한 부분까지 먼지를 씻어주어 반도체 등 전자제품 부품의 세척에 필수적으로 사용된다. 인화·폭발의 위험이 없고 건조가 빠른 장점 등이 있으나, 지구상의 오존층을 파괴한다는 사실이 드러나 '89년부터 생산과 사용이 제한되었고, '96년부터는 사용이 금지됐다.

오존층 파괴 대기 성층권에 분포된 오존층이 산업공해로 파괴되어 가는 현상을 말한다. 태양의 강한 자외선을 막아 지구를 보호하는 오존층에 구멍이 뚫리거나 오존농도가 낮아져 자외선 투과율이 높아지면 식물의 엽록소가 감소되고 광합성 작용이 억제되며, 사람에게는 피부암 등 암의 발생률이 높아진다.

✅ 총량규제

일정 지역 내의 환경 오염물질의 배출총량을 환경보전상 허용가능한 한도로 유지하기 위하여, 공장 등에 대해 오염물질의 허용배출량을 배분하고, 이 양을 가지고 규제하는 방법을 말한다. 대기환경보전법, 수질환

Q 스미스(Smith)의 조세의 4원칙은?

경보전법 등에서 정해진 규제방식이다.

✅ 환경권(環境權 ; environmental rights)

건강하고 쾌적한 환경 속에서 인간답게 살 수 있는 권리를 말한다. 이는 환경에 대한 침해를 거부할 수 있는 배타적 권리로서 생존권적 기본권의 하나이다. 1972년 스웨덴의 스톡홀름에서 'UN 인간환경선언'이 채택된 이후 세계 각 국의 법체계에 흡수되었고, 종래의 사후 피해대책에서 벗어나 사전에 보다 적극적인 적정관리체제로의 변화를 모색하게 되었다.

✅ 환경영향평가제(環境影響評價制)

공해를 유발할 수 있는 새로운 시설이나 건물 등이 들어설 때 환경보전 측면에서 사전에 이를 평가하고 심의하는 제도를 말한다. 즉, 공장·댐·고속도로 등의 사회간접자본시설 및 기타 간척사업 등 그 사업이 환경에 미칠 영향을 예측, 분석, 평가하여 그에 대한 대책을 수립, 이행하는 제도를 말한다. 1969년 미국에서 국가환경정책법을 제정하여 시행한 것이 시초이다. 한국에서는 1977년 환경정책기본법을 제정하여 이 제도를 시행해 오다가 1992년 환경영향평가법이 제정되었다. 법이 제정됨에 따라 형식행위에 그쳤던 환경영향평가제도가 어느 정도 환경파괴를 방지할 수 있게 되었다.

✅ 유전자변형식품(遺傳子變形食品 ; GMO)

생산성 향상과 상품의 질 강화를 위해 본래의 유전자를 변형시켜 생산된 농산물을 말한다. GMO(Genetically Modified Organism)는 질병에 강하고 소출량이 많아 식량난을 해소할 수 있다는 장점이 있으나 GMO식품을 장기간 섭취할 경우에도 인간에 무해하다는 점이 분명하게 검증된 바가 없으며, GMO 품종으로 인해 생태계가 교란되는 등 환경재앙이 발생할 수도 있다는 위험성을 안고 있다. 유전자변형식품의 위험성과 동시에 유용성도 인정되어, 유전자재조합식품표시제가 2001년 7월부터 시행, 이를 어기면 2년 이하의 징역 또는 벌금형에 처해진다.

✅ 교토의정서

선진국과 개발도상국이 1997년 12월 교토에서 유엔기후변화협약 제3

Ⓐ 공평의 원칙 · 명확의 원칙 · 경비 절약의 원칙 · 편의의 원칙

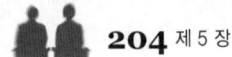

차 당사국총회를 개최한 데서 붙여진 이름이다. 기후변화협약이란 이산화탄소, 이산화질소 등의 온실가스 배출 증가로 인한 지구온난화현상을 막기 위해 1992년 브라질의 리우회의에서 채택된 국제협약이다. 기후변화협약은 각 국의 비준을 거쳐 1994년 3월 정식으로 발효됐다. 교토의정서는 제7차 기후변화협약에서 이행안이 타결돼 온실가스 감축 의무국의 경우 2008~2012년까지 배출량을 1990년에 비해 평균 5.2% 줄여야 하며, 2005년 러시아의 비준으로 발효됐다.

✅ 그린컨슈머(Green Consumer)

환경이나 건강에 대한 영향을 제일의 판단기준으로 하여 물건을 사거나 쓰는 소비자를 말한다. 이제까지의 편리함이나 쾌적함 등과 같은 가치와는 다른 관점에서 상품을 선택한다는 점에서 결과적으로 경제성을 우선시켜 온 기업의 생산시스템을 변혁시키고 있다.

✅ 바나나(BANANA)현상

Build Absolutely Nothing Anywhere Anybody. 쓰레기 매립지나 핵폐기물 처리장 등 각종 환경오염시설물 등을 자기지역 내에는 절대 설치를 반대하는 지역이기주의의 한 현상으로 님비(NIMBY)라는 용어와 함께 자주 사용된다.

✅ PPP(오염자 부담원칙 ; Polluter Pays Principle)

환경자원의 합리적인 이용과 배분을 조장하는 동시에 국제무역이나 투자의 왜곡을 방지하기 위해, 오염방지에 필요한 비용을 오염자가 부담해야 한다는 구상이다. 오염의 책임을 추구하라는 것이 아니라 국제무역의 관점에서 자원의 적정 여분을 달성하려는 것이다

✅ NGO(Non Governmental Organization)

환경보호를 위한 각종 민간단체들을 지칭하는 것으로, 그린피스, 제3세계 네트워크, 지구의 벗, 세계자연보호 등이 대표적인 환경비(非) 정부기구이다. 또한 세계 민간환경보호운동을 주도하는 이 4단체를 빅 4(big four)라고 한다.

Q 미국의 경제공황을 극복하기 위해 루스벨트가 실시한 정책은?

✅ 클라크의 산업구조

영국의 경제학자 클라크(C. Clark)는 산업을 제1차 산업 · 제2차 산업 · 제3차 산업으로 분류하고, 한 나라의 경제가 발달할수록 제1차→제2차→제3차 산업 순으로 발달한다 하여 이를 각 나라의 경제통계에서 실증적으로 입증하였다.

호프만의 산업구조 2분류 산업구조라고도 하는데, 독일의 경제학자 호프만은 산업을 소비재를 생산하는 산업부문과 생산재를 생산하는 산업부문으로 분류하고, 산업이 발달함에 따라 생산재의 생산량이 증가하여 산업구조가 고도화된다고 하였다

✅ OEM(original equipment manufacturing)

자사 브랜드를 넣지 않고 거래선의 브랜드를 부착한 부품이나 완제품의 공급, 즉 주문자 상표에 의한 생산방식을 말한다. 자동차산업이나 전기 · 기계산업에서 흔히 쓰이는 방법으로, 대형소매점이나 대규모 상사 등의 자사 브랜드 제품의 태반은 바로 이 OEM 상품이다. 수공업 · 노동집약적 산업에서는 싼 노동력을 찾아 OEM 공급을 이용하는 기업이 많다.

✅ 산업재산권(産業財産權 ; industrial property)

기술의 발달 · 장려를 위해 공업에 관한 지능적 작업 또는 방법에 대해 부여하는 권리로, 특허권 · 의장권 · 실용신안권 · 상표권 등 네 가지가 있다. 무형인 사상의 산물을 배타적 지배대상으로 하는 점에서 소유권과 구별된다.

1. 특허권 공업상의 물품 및 그 제조방법에 관하여 최초로 발명한 사람에게 주어지는 권리이다.

2. 의장권 공업상의 물품에 응용하게 되는 형상 · 모양 · 색채 또는 결합에 관하여 신규의 의장을 고안한 사람에게 주어지는 권리이다.

3. 실용신안권 공업상의 물품에 있어 그 형상 · 구조 또는 조합에 관하여 실용성이 있는 신규의 고안을 한 사람에게 주어지는 권리이다.

4. 상표권 자기의 상품을 표시하기 위하여 등록을 하고 전용하는 권리이다.

✅ 로열티(loyalty)
특허권·저작권 또는 공업소유권의 사용료로서, 흔히 외국으로부터 기술에 관한 권리를 도입한 후 그 권리사용에 따른 대가를 지불하는 것을 가리킨다.

✅ 토지거래허가제(土地去來許可制)
각 용도지역별로 일정 면적 이상의 토지거래 시에는 사전에 관할지역의 시장이나 군수의 허가를 받아야만 하는 제도이다. 이에 따라 거래당사자들은 토지의 이용목적·규모·가격 등을 명시, 관할 시·군에 허가를 신청해야 하며, 시·군은 이를 심사해 허가 또는 불허처분 결정을 통보해야 한다. 허가대상에는 소유권 이전뿐 아니라 지상권·전세권·임차권 등의 설정도 포함된다.

✅ 미곡연도(米穀年度 ; rice year)
미곡의 통계적 처리의 편의를 위하여 설정한 기간으로, 햅쌀이 나올 때인 11월 1일부터 이듬해 10월 31일까지를 말한다.

✅ 세계 4대 어장(漁場)
북대서양 어장(아이슬란드·노르웨이 북부), 뉴펀들랜드 어장(북미 동안·래브라도 해안), 북태평양 동안 어장(알래스카·캘리포니아 연안), 북태평양 서안 어장(베링해·일본해·지나해)등 세계에서 가장 물고기가 많이 잡히는 네 군데의 큰 어장을 말한다. 세계 최대 어장은 북태평양 서안 어장으로, 청어·명태·대구·정어리·연어·송어 등이 많이 잡힌다.